KB273505

# 지혜의 샘
# 한자와 한문

권용주 지음

보고사

# 책머리에

첨단화된 과학문물의 시대에 왜 고리타분하게만 느껴지는 한자를 배워야 하는 것일까? 그 이유는 자명하다. 한자는 단순히 중국의 문자라는 사실을 넘어서 우리 국어생활에 있어서 큰 비중을 차지하는 것이기 때문이다.

우리나라를 비롯한 동아시아의 국가들은 오랜 기간 중국의 한자 문화권에 속해 있었기 때문에 여러 면에서 중국의 영향을 받으며 지속적 발전의 단계를 거쳐 왔다. 특히 우리의 문화는 중국과의 빈번한 문화적 교류를 배경으로 성숙되었기에 자연스럽게 중국의 문자가 우리 언어생활 속에 스며들게 되었다. 그 결과 오늘날 우리가 사용하고 있는 어휘의 상당부분이 한자어로 이루어지게 되었고, 그리고 현재에도 한자는 우리 국어 속에 전체적인 체계로 살아있으며 여전히 풍부한 말의 생성력을 발휘하고 있다. 이러한 상황을 고려해 볼 때 한자를 배우고 익히는 과정이 종국에는 우리의 언어생활을 더욱 폭넓게 해주는 일임을 알 수 있게 될 것이다.

한자를 익히는 과정에서 접하게 되는 한문은 또한 옛 선인들의 삶이 이룩해놓은 지혜를 새롭게 접하고 느끼는 계기를 마련해 준다. 파스칼이 지적했듯 어떤 경우에도 지식은 지혜를 능가할 수 없다. 시대가 변하고 그 안에서 새로운 가치관이 만들어 진다해도 오랜 세월동안 마르지 않고 흘러나오는 지혜의 샘에서 산뜻한 물 한 모금 길어 올리는 기쁨을 한문 학습의 과정에서 느낄 수 있기를 기대해본다.

이 책은 한문 학습을 통해 자연스럽게 한자를 익혀나가는 것을 목적으로 삼은 강의용 기본 텍스트이다. 이 안에 실려 있는 내용을 즐겁고 편안한 마음으로 학습하고 익혀 한자 실력을 배양하고 아울러 지혜로운 삶의 자세를 다져나가기를 빌어본다.

이 책을 펴내는 데 있어 많은 도움을 준 이현주 선생에게 깊은 감사를 드리며, 흔쾌히 출판을 맡아 준 보고사 김흥국 사장님과 출판부의 모든 분들에게 진심으로 고마운 뜻을 전한다.

2012년 2월

# 목차

## 부록

# 漢字 學習의 必要性

❀ **학습목표** ❀

- 우리 민족(民族)의 언어생활(言語生活) 변천(變遷) 과정(過程)을 살펴본다.
- 한자(漢字)와 한문(漢文) 이해(理解)의 필요성을 인식한다.
- 한자가 우리나라에 전래(傳來)된 시기의 역사적 배경을 알아본다.
- 학문(學文)과 교육(敎育)에 관련된 한자어를 살펴본다.

## 1. 한자 학습의 필요성

우리 민족은 固有의 文字를 가지기 이전부터 中國의 漢字를 빌려 우리의 생각과 느낌을 표현하면서 문자 生活을 영위해 왔다.

한자가 이 땅에 전래된 시기를 기원전 2세기경으로 보고 있기는 하나, 본격적으로 활용되기 시작한 것은 6세기에서 7세기에 이르는 동안의 일이라고 한다. 즉, 삼국 시대와 통일 신라 시대를 거쳐 고려 시대에 이르는 동안, 中國과의 빈번한 문화적 교류를 배경으로 고도로 성숙된 우리 민족 특유의 漢文文化를 이룩하게 되었던 것이다. 이 시대에는 한자와 한문을 표기 수단으로 하여 역사적 사실을 기록해 내었는가 하면, 學問의 폭을 넓혔으며, 세련된 情緒의 세계를 정감 있게 표현하기도 하였다. 또한 한문 본래의 용법 외에 한자의 음과 뜻을 빌려 표기하는 吏讀*式 방법을 발달시키기도 하였다.

한자에 바탕을 둔 한문 문화를 수용하여 우리의 고유 문화와 융합시킬 줄 알았던 우리 민족은, 민족적 예지의 발현으로 과학적이고 독창적인 訓民正音을 창제해 내어 비로소 고유 문자를 가지게 되었다. 그러나 이미 정착 단계를 지나 성숙될 대로 성숙된 한문 문화의 기반은 흔들리지 않았으며, 그 이후에도 한문은 거의 모든 문자 생활의 지배적인 수단이 되어 왔다. 때문에 남아 있는 우리 文化遺産의 대부분이 한문으로 기록되어 전해지고 있는 것이다.

이렇게 한문으로 기록되어 전하는 우리 문화의 원류를 찾아 이해하고 그 속에서 傳統을 찾아 계승, 발전시키기 위해서는 무엇보다도 한자와 한문의 이해가 필요하다.

한자로 문자 생활을 영위해 오는 과정에서 한자가 우리 國語에 끼친 영향은 단순한 借用의 정도가 아니었다. 국어 사전에 실린 한자어의 비중**을 헤아려 보면 알 수 있듯이, 아직도 한자는 우리 국어 속에 전체적인 체계로 살아 있으며 여전히 풍부한 새로운 말의 生成力을 발휘하고 있다.

이러한 狀況에서 볼 때, 비록 우리의 어문 정책이 궁극적으로는 한글 전용을 지향하고 있지만, 현실적으로 국어 어휘의 많은 양을 차지하고 있는 한자어의 어원을 정확히 알아서 올바른 문자 생활을 하자면 반드

---

* 吏讀 : 한자의 음과 뜻을 빌려서 우리말을 적던 표기법. 신라 시대부터 발달하였으며, 넓은 의미로는 한자 차용 표기법 전체를 가리키며, 좁은 의미로는 한자를 국어의 문장 구성법에 따라 고치고 이에 토를 붙인 것에 한정하는 것이 보통이다.
** 한글학회의 '우리말 큰사전'에 의하면 표준어 약 14만 단어 중에 한자어가 8만 단어 이상을 차지한다고 함.

시 한자와 한문에 대한 이해가 前提되어야 하겠다. 또한 한자의 풍부한 造語力은 날로 多樣해져 가는 우리의 국어 생활을 더욱 폭넓게 해줄 것이다.

따라서, 우리는 실용 한문의 학습을 통해 우리의 국어 생활을 올바르고 풍부하게 해나가고, 조상들이 이룩한 우리의 문화 유산을 바르게 이해하고 이를 계승 발전시킴으로써, 문화 민족으로서의 우리의 긍지를 높여 나아가야 하겠다.


## 2. 한자의 기원

漢字는 중국어를 표기하는 고유의 문자다. 중국의 漢民族은 그 역사가 오래된 만큼 그들의 문자생활도 매우 일찍부터 이루어 졌다. 그렇다고 처음부터 지금과 같은 모양의 한자를 가지고 있었던 것은 아니고 오랜 시간과 점진적 변천을 거쳐 오늘의 한자가 되었다.

〈창힐 상〉

한자는 누구에 의하여 만들어 졌을까?

여기에 대해서는 여러 가지 전설이 있지만 중국의 蒼詰이란 사람이 만들었다는 전설이 가장 널리 유포되어 있다. 『說文解字』라는 최초의 한자어원사전의 서문에 보면 '黃帝의 史官인 창힐이 새나 짐승의 발자국이 찍힌 것을 보고 이를 이치에 따라 분류하면 서로 다른 종류의 것을 나타낼 수 있다는 사실을 알아내고 처음으로 글자를 만들었다.'고 한다.

창힐은 눈이 네 개를 지니고 있다고 하는데 이것은 새나 짐승의 발자국에서 착안을 할 수 있었던 그의 관찰력이 과장되어 기록에 반영된 것으로 보인다. 그러나 최고의 문화영웅으로 추앙받고 있는 이 창힐이 모든 한자의 창시자라기보다는 그 당시 다양한 형태로 존재하던 상형문자를 취합, 정리하여 그 체계를 확립한 사람으로 보는 것이 일반적이다.

실존하는 자료로서 가장 오래된 漢字는 1899년 지금의 河南省 安陽縣 小屯 일대에서 출토된 殷代의 甲骨文字이다.

BC 14~12세기에 사용된 것으로 추정되는 이것은 은나라 사람들이 점을 친 뒤 거북껍질이나 뼈에 언제 누가 어떤 것을 점쳤는가 하는 사실, 예측과 결과를 문자로 기록한 것이다. 그 문장에 사용된 글자가 바로 갑골문자이다. 甲이란 거북껍질을 말하고 骨은 소 등 짐승의 뼈를 뜻한다.

이 갑골문자는 그림글자(회화)의 단계를 뛰어넘어 한자의 製字 방법에 있어서도 六書의 원리를 갖추고 있다. 이로 미루어 본다면 한자의 발생 기원은 殷代보다도 더욱 오랜 옛날에 있었다 할 것이다.

지금까지 갑골문에서는 5000자 가량의 문자가 발견되었고 그 중 2000자 정도(부분적으로 해독의 일치를 못보고 있는 것을 포함하여)를 해독할 수 있다. 이러한 5000개 이상의 문자가 殷왕조 시기에 사용되었음을 추측할 수 있다.

갑골문의 한자 구성 원칙인 六書 가운데 象形, 形聲, 假借의 세 종류가 빈번하게 나타난다. 특히 사물의 형태를 본뜬 象形文字가 비교적 많다.

갑골문이 최초로 발견된 것은 1899년 '유악'이라는 사람이 북경의 '왕의영' 집을 방문했을 때였다. 왕의영은 병을 치료하기 위해 龍骨로 알려진 갑골을 사다가 복용하고 있었는데 그 위에 예 글자가 새겨져 있는 것을 유악이 발견했던 것이다.

이때부터 갑골문의 수집과 연구가 시작되어 1903년 유악의 저서 鐵雲藏龜가 출간됨으로써 비로소 갑골문이 세상에 알려졌다.

최초로 창힐이 540자의 象形文字를 만들었다고 한 바와 같이 한자는 그 짜임을 볼 때 형태는 物體의 모양을 본떠서 만든 것이고 그 흡은 자연현상의 음향에서 취한 것이다. 예를 들면 '鼎'은 '솥 정'인데 옛날 발이 셋 달린 솥의 모양을 본뜬 형태이고 '정'이란 음은 솥을 두드렸을 때 울리는 울림소리(쩡→정)를 그 음으로 삼은 것이다.

이와 같은 원리와 경위로 이루어진 한자는 긴 세월을 두고 여러 사람의 창의와 연구에 의해 발전되면서 글자가 늘어났고 字形과 字흡의 변화가 이루어졌다.

이어 後漢 때 許愼이 〈說文解字〉에서 한자를 체계적으로 정리하고 분류한 것이 한자 구조의 원칙(六書原理)이 되었고 오늘날 字學의 원류가 되었다.

## 학문과 교육 단어 익히기

| | | | |
|---|---|---|---|
| 學文 | 教育 | 眞理 | 探究 |
| 講義 | 授業 | 知識 | 讀書 |
| 專攻 | 教養 | 教授 | 教材 |
| 開學 | 放學 | 碩士 | 博士 |
| 試驗 | 登錄 | 成績 | 文字 |

# 익힌 단어 확인하기

| 학문 | 배울 학<br>물을 문 | 學文 | 수업 | | |
|---|---|---|---|---|---|
| 교수 | | | 박사 | | |
| 교육 | | | 지식 | | |
| 교재 | | | 시험 | | |
| 진리 | | | 독서 | | |
| 개학 | | | 등록 | | |
| 탐구 | | | 전공 | | |
| 방학 | | | 성적 | | |
| 강의 | | | 교양 | | |
| 석사 | | | 문자 | | |

○ 중국의 역사를 이야기할 때 자주 등장하는 '春秋戰國時代'에 대하여 알아보자.

## 1. 春秋時代

B.C. 770년 중국의 周나라가 洛邑 [지금의 洛陽]으로 도읍을 옮긴 이후로부터 B.C. 403년 晋의 세족 韓, 魏, 趙씨가 독립할 때까지의 320년간을 말한다. 이는 孔子가 엮은 春秋에 실린 시기 및 그 전후를 포함하여 후세의 史家가 일컬은 명칭이기도 하며, 주나라의 封建制度가 무너지고 제후가 번갈아 패권을 잡은 시대이기도 하다.

춘추시대의 列國은 齊, 晋, 楚, 鄭, 魯, 衛, 曹, 蔡, 燕, 陳, 宋, 吳, 월越 등이 있다. 이 시대에 오나라와 월나라는 오래전부터 서로를 적대시해온 나라였다. 그러나 적의를 품은 사이라도 필요한 경우에는 서로 도와야 한다는 의미의 고사성어 "吳越同舟"가 이 두 나라의 관계를 빗대어 만들어지게 되었다.

- 오월동주(吳越同舟) : 서로 反目 하면서도 공통의 이해에 대하여 협력하는 일을 비유
- 와신상담(臥薪嘗膽) : 목적을 달성하기 위해 온갖 고난을 참고 견딤의 비유

## 2. 戰國時代

晉의 大夫, 韓, 魏, 趙씨가 독립하여 제후가 된 시기로부터 秦나라 시황제가 중국을 통일한 B.C. 221년까지의 230년간을 말한다. 초기에는 많은 나라들이 있었으나 후일 비교적 강한 세력을 형성했던 7개의 국가만이 남게 되었다. 전국의 七雄은 齊, 楚, 秦, 燕, 韓, 魏, 趙이다.


## 3. 秦의 天下統一

진나라의 왕, 政은 여러 나라를 물리치고 중국 최초의 통일제국을 세워 최초의 황제(始皇帝)가 되었다. 全國의 제도와 문물을 진나라 방식으로 통합하는 일대 개혁정치를 시행하였으며, 왕궁 신축·만리장성 축성 등의 대규모 토목공사를 벌여 민생을 어렵게 하기도 한 황제였다.

이런 정국의 영향으로 백성들이 대규모로 진나라를 떠나 동쪽, 즉 우리의 고조선 지역으로 이동(이로 인하여 중국의 문물과 문자 등이 우리나라에 전파됨. B.C. 3세기)하기 시작했고, 결국 진나라는 오래 견디지 못하고 3대 15년 만에 멸망하였다. 중국 최초의 통일왕국인 진의 시황제 출생에는 다음과 같은 비화가 숨어있다.

戰國時代 말기에는 상업으로 부를 축적하여 제후 부럽지 않은 생활을 영위하는 大商이 출현하게 되었다. 그 대표적 인물이 呂不韋이다.

여불위는 趙나라의 수도 邯鄲에 인질로 와있던 秦나라 昭王의 손자 '異人'을 만나게 되었다. '이인'은 소왕의 둘째아들인 '安國君'의 20아들 중 한명으로 왕위 계승 서열에서는 거리가 먼 인물이었다. 그런데 진의 태자가 갑자기 죽어 안국군이 태자로 책봉되었다. 당시 안국군의

본부인인 ‘華陽夫人’은 아들이 없었고, 안국군의 아들들은 모두 소실의 태생이었다. ‘여불위’는 이런 상황을 잘 이용해 ‘이인’을 급부상시켰다. ‘이인’은 여불위의 연인이었던 ‘趙姬’를 아내로 맞이하였다.

소왕이 사망한 후 안국군이 왕위에 올랐으나 즉위 1년 만에 갑자기 죽고, ‘이인’이 뒤를 이어 왕위에 오르니 그가 ‘莊襄王’이다. 그러나 장양왕도 즉위 3년 만에 사망하고, 그 뒤를 이어 ‘조희’의 아들 ‘政’이 13세의 나이로 왕위에 오르게 되니 그가 바로 훗날의 ‘진시황’이다. 여불위는 어린 왕 ‘政’으로부터 仲父라 불리며 상당한 위세를 떨치게 되었다. 이 무렵에는 각 나라에서 많은 책을 펴내고 있었는데 특히 ‘荀子’가 수만 語의 저서를 냈다는 말을 듣고, 여불위는 당장 자신이 거두던 食客들을 동원해 30여 만어에 이르는 大作을 편찬했다.

의기양양해진 ‘여불위’는 이 책을 자신이 편찬한 양 「呂氏春秋」라고 이름 짓고, 「여씨춘추」를 咸陽의 성문 앞에 진열한 다음 “누구든지 이 책에서 한 글자라도 덧붙이거나 빼는 사람에게는 천금을 주리라.(一字者子千金)”라는 방문(榜文)을 써 붙였다.

- 일자천금(一字千金) : 한 글자에 천금의 가치가 있다는 뜻으로, 아주 빼어난 글자나 시문(詩文)을 비유하여 이르는 말.
- 지록위마(指鹿爲馬) : 사슴을 가리켜 말이라고 한다는 뜻으로, 윗사람을 농락하여 권세를 마음대로 휘두름을 비유.

## 4. 漢나라의 建國

B.C. 202년 垓下에서 楚霸王 項羽를 쓰러뜨린 劉邦이 세운 나라이
다. B.C. 108년 漢武帝는 고조선을 멸망시키고 옛 고조선의 강역에 漢
四郡을 설치하였다. 이후 본격적인 중국문화의 유입(B.C. 2세기)이 이
루어졌다.

1. 우리가 왜 한자와 한문을 배워야하는지에 대하여 생각해보자.


2. 학문과 교육에 대한 단어를 한자로 써보자.


3. 오늘 배운 故事成語의 뜻을 익히고, 10번 이상 써보자.

　　① 오월동주 (吳越同舟)

　　② 와신상담 (臥薪嘗膽)

　　③ 일자천금 (一字千金)

　　④ 지록위마 (指鹿爲馬)


4. 秦始皇帝가 자신을 지칭하는데 사용했던 단어는 무엇인가?

1. 우리 민족 고유의 문자가 없던 시절, 우리 선조들은 중국의 한자를 빌려 우리 생각과 느낌을 표현했다.

2. 한자는 대략 기원전 2세기 무렵에 우리나라로 전래되었다.

3. 이후 한자는 우리의 언어생활에 많은 영향을 미쳤다.

4. 오늘날 우리가 한자를 배우는 이유는 결국 우리의 문화유산을 바르게 이해하여 계승, 발전시키고 아울러 국어 생활을 올바르고 풍부하게 해나가기 위함에 있다.

제2강

# 漢字의 짜임

- 한자(漢字)가 만들어지는 기본 원칙인 육서(六書)를 이해한다.
- 한자 부수(部首)의 위치와 명칭을 익힌다.
- 형성문자의 속성을 살펴본다.
- 문화(文化)와 예술(藝術)과 관련된 단어를 살펴본다.

## 1. 한자의 짜임

한자는 상형 문자에서 발달된 표의 문자이다. 한자의 형성·구조·사용법 등을 분석 연구한 許愼은 한자의 형태를 象形·指事·會意·形聲·轉注·假借의 여섯으로 區分하였는데, 이를 六書라고 한다. 그 중 상형·지사·회의·형성은 문자 구성상의 원칙을 설명한 것이고, 전주와 가차는 이미 만들어진 문자에 대한 사용상의 구분이다.

### 1) 象形

사물의 구체적인 형상을 직관적으로 捕捉하여 이를 線과 點의 連結組合으로 표현한 것이다. 따라서 그림과 같은 성질의 것으로 문자의 모양을 보면 곧 그 뜻을 짐작하게 된다.

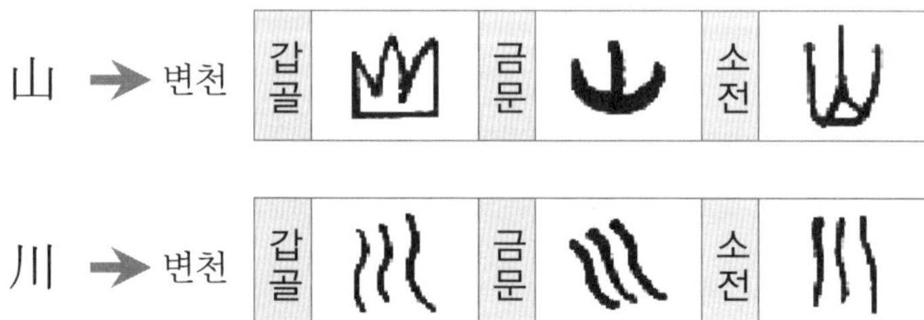

상형은 六書의 원천으로서 한자가 만들어지는 원리 중 가장 기본이
되는 원리로 지사·회의·형성의 세 가지 단계가 모두 상황에 바탕을
두고 있다.


## 2) 指事

추상적인 사항을 기호나 상형의 방법에 바탕을 두고 점이나 선을 증
감하여 그 내용을 가리키는 것이다.

예를 들면, '一'을 중심으로 그 위에 점 하나를 찍어 '·'(上), 아래에
점을 찍어 '·'(下)를 만들었으며, '月'자의 선 하나를 줄여 '夕'자를 만든
것도 모두 이 지사의 원리에 의한 것이다.


上 :

| | | |
|---|---|---|
| 上 | 지평선 위에 작은 물체가 있는 것을 나타내었다. '二'와 구별하기 위해 자형이 변하였다. 여기에서 '위'의 뜻이 나왔다. | * 上級(상급)<br>: 윗 등급<br>* 上陸(상륙)<br>: 뭍으로 오름<br>* 上司(상사)<br>: 자기보다 벼슬이 높은 자 |
| 윗 상 | | |
| 위, 앞, 오르다 | | |

## 3) 會意

이미 만들어진 문자를 결합시켜 새로운 다른 개념을 나타내는 글자를 만드는 원리이다.

예를 들면, '日'과 '月'을 조합하여 '明'자를 만들어 밝다는 뜻을 나타낸 것이나, '木'과 '木'을 합하여 '林'자를 만든 것 등이 이 원리에 속한다.

明 : 日 + 月 → 明　　　　林 : 木 + 木 → 林

東 : 日 + 木 → 東　　　　信 : 人 + 言 → 信


## 4) 形聲

이미 만들어진 문자를 결합시키되, 소리를 나타내는 音部와 뜻을 나타내는 意部의 결합으로 글자를 만드는 원리이다.

예를 들면 '村, 羊' 등의 글자에서 왼쪽의 '木, 氵(水)'로 뜻을 나타내, 바른쪽의 '寸, 羊'으로 소리를 나타내게 하는 식으로 결합시키는 것이다.

村 : 木 +寸 → 村　　　　洋 : 氵 + 羊 → 洋

형성은 六書 중에서도 중요한 비중을 차지하여 한자의 대부분이 이에 속한다. 형성자의 결합 방식에는 다시 다음의 여섯 가지가 있다.

① 左形右聲 : 村 (木 +寸)　② 左聲右形 : 功 (工 +力)

③ 上形下聲 : 景 (日 +京)　④ 上聲下形 : 基 (其 +土)

⑤ 外形內聲 : 固 (口 +古)　⑥ 外聲內形 : 聞 (門 +耳)

## 5) 轉住

이미 만들어진 글자의 본래의 뜻을 그와 관계 있는 다른 뜻으로 옮겨 쓰는 방법이다. 그 중에는 뜻이 변화함에 따라 발음이 변화하는 것이 있고, 변화되지 않는 것도 있다.

예를 들면, '惡'은 원래 선악의 악으로 '나쁘다'는 뜻이었으나, '惡'은 사람들이 싫어하고 미워하는 것이므로 그러한 뜻으로도 전용되어 '憎惡, 好惡'에서와 같이 미워하고 싫어한다는 뜻으로도 쓰인다. 이때 그 발음도 '악'에서 '오'로 변한다.

## 6) 假借

새로운 개념을 가진 단어를 표기하고자 하나 그러한 문자가 없을 때 그 단어의 발음에 부합하는 기성의 다른 문자를 원래의 의미 내용에 관계없이 빌려 쓰는 방식이다.

예를 들면, '革'은 짐승 가죽에서 털을 뽑아 버린 물건이란 뜻이었지만, '고치다'라는 뜻을 나타내는 音이 '혁'이었으므로 '革'자를 빌려다 '고치다'의 뜻으로 쓰게 되어 改革·革新 등의 어휘를 구성하게 된 것이다.

革(혁) 짐승 가죽 → 고치다(혁) → 革(혁) 고치다

또한 어떤 특정의 고유 명사나 외래어는 대부분 가차의 방법으로 글자를 빌려다 쓴다.

Asia → 亞細亞　　　　　　France → 佛蘭西

그리고 의성어나 외래어의 경우도 가차의 방법으로 글자를 빌려다 쓴다.

丁丁(정정) : 나무 찍는 소리　堂堂(당당) : 버젓하고 정대한 모양


## 2. 부수의 위치와 명칭

부수는 수많은 한자의 기본 글자이며 영어로 말하면 알파벳과 같고, 한글로 말하면 자음 모음과 같은 것이다. 현재 부수는 214글자인데, 이는 놓이는 위치에 따라 크게 8가지로 구분할 수 있다.


### 1) 머리·두(冠·頭)

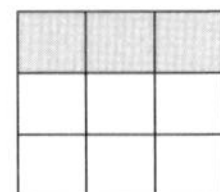 – 부수가 글자 윗 부분에 위치한다.

亠 돼지해머리 : 亡(망할 망), 交(사귈 교), 亨(형통할 형), 京(서울 경)
宀 갓머리(집 면) : 守(지킬 수), 安(편안 안), 宇(집 우), 官(벼슬 관)
艹 초두머리(풀 초) : 芳(꽃다울 방), 花(꽃 화), 苦(쓸 고)
竹 대 죽 : 笑(웃을 소), 第(차례 제), 答(대답 답), 筆(붓 필)

雨 비 우 : 雪(눈 설), 雲(구름 운), 電(번개 전), 霜(서리 상)


## 2) 변(邊)

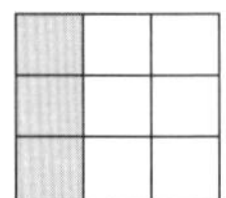 － 부수가 글자 왼쪽 부분에 위치한다.


人 **사람인변** : 仁(어질 인), 代(대신할 대), 付(부칠 부), 仙(신선 선)
冫 **이수변(얼음 빙)** : 涼(서늘할 량), 冷(찰 랭), 凍(얼 동)
彳 **두인변(자축거릴척, 걸을척)** : 役(부릴 역), 往(갈 왕), 征(칠 정)
禾 **벼 화** : 私(사사 사), 科(과목 과), 秋(가을 추), 秩(차례 질)
言 **말씀 언** : 訂(바로잡을 정), 記(기록할 기), 討(칠 토)


## 3) 발·다리(脚)

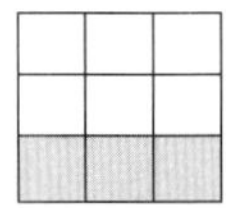 － 부수가 글자 아래 부분에 위치한다.


儿 **어진사람 인** : 元(으뜸 원), 兄(형 형), 光(빛 광), 克(이길 극)
廾 **스물입발(받들 공·손맞잡을 공)** : 弄(희롱할 롱), 弁(꼬깔 변)
火 **연화발(불 화)** : 烈(매울 렬), 烏(까마귀 오), 無(없을 무)
皿 **그릇 명** : 益(더할 익), 盜(도둑 도), 盛(성할 성), 盡(다할 진)

## 4) 방(傍)

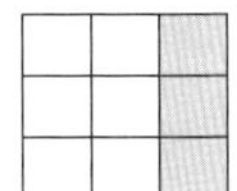

– 부수가 글자 오른쪽 부분에 위치한다.

刂 선칼도방 : 刊(새길 간), 列(벌릴 렬), 刑(형벌 형), 利(이할 리)

卩 병부절 : 卯(토끼 묘), 印(도장 인), 却(물리칠 각), 卵(알 란)

阝 우부방 : 邦(나라 방), 邪(간사할 사), 郡(고을 군)

欠 하품 흠 : 次(버금 차), 欲(하고자할 욕), 款(항목 관), 欺(속일 기)


## 5) 엄(广·尸)

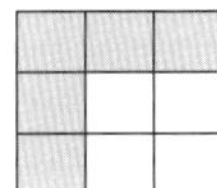

– 부수가 글자의 위와 왼쪽을 덮고 있는 부분에
위치한다.

厂 민엄호(줄바위 엄) : 厄(액 액), 厚(두터울 후), 原(언덕 원)

尸 주검 시 : 尺(자 척), 局(판 국), 居(살 거), 屋(집 옥)

广 엄호(집 엄) :  床(평상 상), 序(차례 서), 府(마을 부)

气 기운기엄 : 氣(기운 기)

虍 범 호 : 虎(범 호), 虐(모질 학), 處(곳 처), 虛(빌 허)


## 6) 받침(繞)

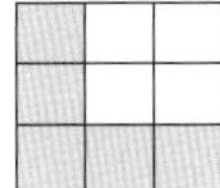

– 부수가 글자의 왼쪽과 밑을 싸고 있는 부분에
위치한다.

辶 책받침(뛸 착·쉬엄쉬엄 갈 착) : 迅(빠를 신), 近(가까울 근)
廴 민책받침(길게 걸을 인) : 延(늘일 연), 廷(조정 정), 建(세울 건)


## 7) 몸(構)

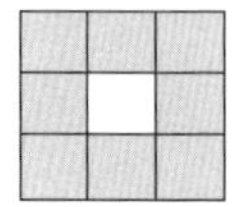

– 부수가 글자 둘레를 에워싸는 부분에 위치한다.


凵 위튼입구몸(그릇 감·입벌릴 감) : 凶(흉할 흉), 凹(오목할 요)

匚 감출혜 : 匹(짝 필), 區(구분할 구), 匿(숨길 닉)

匚 튼입구몸(상자 방) : 匠(장인 장), 匣(갑 갑), 匱(궤 궤)

門 문 문 : 間(사이 간), 開(열 개), 閑(한가할 한)

囗 큰입구몸(에운 담) : 四(넉 사), 困(곤할 곤), 國(나라 국)


## 8) 제부수

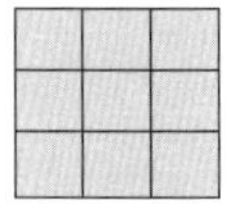

– 부수가 그대로 한 글자를 구성한다.


木 나무 목 : 末(끝 말), 本(근본 본), 材(재목 재)

見 볼 견 : 視(볼 시), 覺(깨달을 각), 觀(볼 관)

馬 말 마 : 騎(말탈 기), 驛(역 역), 驗(시험 험)

鳥 새 조 : 鳴(울 명), 鴻(기러기 홍), 鶴(학 학)

## 문화와 예술 단어 익히기

| | | | |
|---|---|---|---|
| 文化 | 藝術 | 詩畵 | 批評 |
| 音樂 | 美術 | 展示 | 繪畵 |
| 彫刻 | 映畵 | 舞踊 | 個性 |
| 創作 | 表現 | 戲曲 | 演劇 |
| 舞臺 | 演技 | 監督 | 漫畵 |

## 익힌 단어 확인하기

| 문화 | | | 미술 | | |
|---|---|---|---|---|---|
| 무용 | | | 연극 | | |
| 예술 | | | 전시 | | |
| 개성 | | | 무대 | | |
| 시화 | | | 회화 | | |
| 창작 | | | 연기 | | |
| 비평 | | | 조각 | | |
| 표현 | | | 감독 | | |
| 음악 | | | 영화 | | |
| 희곡 | | | 만화 | | |

## 1. 許愼과 六書

六書는 중국 後漢 때 학자인 許愼이란 사람에 의해 체계적으로 설명되었다. 허신은 그의 〈說文解字〉라는 책에서 한자가 만들어지는 원리를 여섯 가지로 나누어 설명했는데, 오늘날까지도 그 설명이 인용되고 있다. 〈설문해자〉는 한자의 뜻과 만들어진 원리를 설명한 일종의 字典이다.

허신은 이 책에서 '文字'라는 말을 '文'과 '字'로 나누어서 설명했다. 여기서 '文'이란 '무늬'라는 뜻이고 '字'란 '불어나다, 늘어나다'라는 뜻이다.

文은 사물의 모양을 그대로 본뜨거나 단순한 기호를 그린 가장 기초적인 글자로 '象形文字'와 '指事文字'가 여기에 해당하고, 字는 기존의 글자를 결합해서 만든 글자로 '會意文字'와 '形聲文字'가 여기에 해당한다.

상형문자와 지사문자는 한자를 이해하는 데 가장 기초가 되는 글자이다. 한자의 부수 214자가 바로 상형과 지사의 원리로 이루어졌다. 象形이나 指事로도 비교적 편리하게 뜻을 나타낼 수 있지만 모든 사물이나 모든 개념을 일일이 다 글자로 만들 수는 없다. 만일 그 사물이나 현상의 특징을 일일이 다 글자로 만든다면, 서로 중복되지 않게 만들어야 하는 그 고통은 이루 말할 수 없을 것이다. 그래서 새로운 글자를 다시 만들기보다는 기존의 글자를 이용해서 새로운 글자를 만드는 방법을 사용했는데 이것이 會意文字와 形聲文字이다.

그런데 이 두 가지 방법 이외에, 새로운 글자를 만들지 않고 기존에 만들어진 글자를 다른 뜻으로 사용하기도 했으니 '轉注文字'와 '假借文字'가 그것이다.


## 2. 形聲文字의 屬性

形은 '모양'을 뜻하고, 聲은 '소리'를 뜻하는 말로 '형성문자'는 모양과 소리, 즉 의미 부분과 발음 부분으로 이루어진 글자다. 이 때 의미를 나타내는 부분이 주로 한자의 部首로 자리 잡게 된다. (한자의 약 80%가 형성문자임)


● 예시를 통해 확인해 보세요.
[예 : 淸(물 맑을 청), 倩(예쁠 천, 고용할 청), 淸(서늘할 정), 晴(비갤 청)]

1. 육서란 무엇인가?


2. 다음 각 漢子의 부수를 찾아보고, 그 위치와 명칭을 외워보자.

　① 交(사귈 교), 安(편안 안), 苦(쓸 고), 筆(붓 필) 雲(구름 운)

　② 仁(어질 인), 往(갈 왕), 凍(얼 동), 秋(가을 추), 記(기록할 기)

　③ 光(빛 광), 弄(희롱할 롱), 無(없을 무), 盡(다할 진)

　④ 利(이로울 리), 印(도장 인), 郡(고을 군), 欲(하고자할 욕)

　⑤ 原(언덕 원), 居(살 거), 序(차례 서), 氣(기운 기), 虎(범 호)

　⑥ 近(가까울 근), 建(세울 건)

　⑦ 出(날 출), 區(구분할 구), 間(사이 간), 國(나라 국)

　⑧ 木(나무 목), 馬(말 마), 鳥(새 조)


3. 다음 한자의 부수를 쓰시오.

　① 民 (백성 민)　　　　② 經 (경서 경)

　③ 配 (짝 배)　　　　　④ 券 (문서 권)

　⑤ 差 (어긋날 차)


4. 문화와 예술에 대한 단어를 한자로 쓰시오.

# 1. 六書

① 상형(象形) : 사물의 모양을 본떠서 만든 문자

② 지사(指事) : 추상적 사항을 간단한 선이나 점 등의 기호로 나타낸 문자

③ 회의(會意) : 이미 만들어진 문자를 결합시켜 새로운 개념으로 만든 문자

④ 형성(形聲) : 소리를 나타내는 부분과 음을 나타내는 부분의 결합으로 만들어낸 문자

⑤ 전주(轉注) : 이미 만들어진 글자의 뜻을 다른 뜻으로 옮겨 쓰는 방법

⑥ 가차(假借) : 단어의 발음에 부합하는 기성의 문자를 원래 의미에 관계없이 빌려 쓰는 방식

# 2. 부수의 위치와 명칭

① 머리(冠, 頭) : 부수가 글자 윗부분에 위치한다.

② 변(邊) : 부수가 글자 왼쪽 부분에 위치한다.

③ 발, 다리(脚) : 부수가 글자 아래 부분에 위치한다.

④ 방(傍) : 부수가 글자 오른쪽 부분에 위치한다.

⑤ 엄(广, 戶) : 부수가 글자의 위와 왼쪽을 싸고 있다.

⑥ 받침(繞) : 부수가 글자의 왼쪽과 밑을 싸고 있다.

⑦ 몸(構) : 부수가 글자 전체를 에워싸고 있다.

⑧ 제부수 : 한 글자 전체가 그대로 부수가 된다.

# 基本部首와 變形部首

❀ 학습목표 ❀

• 기본부수(部首)와 변형부수의 모양과 이름 익히기.
• 한자(漢字)의 부수 214자 익히기.
• 한자의 뜻 바로 알기.
• 언론(言論)과 정보(情報)와 관련된 단어를 살펴본다.

## 1. 기본부수와 변형부수

| | | | | | | |
|---|---|---|---|---|---|---|
| 人 | 사람 **인** | 亻 사람인변 | 犬 | 개 **견** | 犭 개사슴록변 | |
| 刀 | 칼 **도** | 刂 선칼도방 | 玉 | 구슬 **옥** | 王 구슬옥 변 | |
| 屮 | 왼손 **좌** | 屮 싹날 **철** | 示 | 보일 **시** | 礻 보일비 변 | |
| 巛 | 개미허리 | 川 내 **천** | 竹 | 대 **죽** | 竼 대죽머리 | |
| 心 | 마음 **심** | 忄 심방변 | 老 | 늙을 **로** | 耂 늙을로엄 | |
| | | 㣺 밑마음 **심** | | | | |
| 手 | 손 **수** | 扌 재방변 | 肉 | 고기 육 | 月 육달 월 | |
| 攴 | 칠 **복** | 攵 등글월문 | 艸 | 풀 **초** | 艹 초두머리 | |
| 无 | 없을 **무** | 旡 이미기방 | 足 | 발 **족** | 𧾷 발족변 | |
| 水 | 물 **수** | 氵 삼수 변 | 辵 | 쉬엄쉬엄갈 착 | 辶 책받침 | |
| 火 | 불 **화** | 灬 연화 발 | 邑 | 고을 **읍** | 阝 우부방 | |
| 爪 | 손톱 **조** | 爫 손톱조머리 | 阜 | 언덕 **부** | 阝 좌부변 | |

## 2. 부수 214자 익히기

| 一 | 丨 | 丶 | 丿 | 乙 | 亅 | 二 | 亠 | 人 | 儿 | 入 | 八 | 冂 |
|---|---|---|---|---|---|---|---|---|---|---|---|---|
| 한일 | 뚫을곤 | 점 | 삐침 | 새을 | 갈고리궐 | 두이 | 돼지해 | 사람인 | 어진사람인 | 들입 | 여덟팔 | 멀경 |
| 冖 | 冫 | 几 | 凵 | 刀 | 力 | 勹 | 匕 | 匚 | 匸 | 十 | 卜 | 卩 |
| 민갓머리 | 이수 | 안석궤 | 위터진입구 | 칼도 | 힘력 | 쌀포 | 비수비 | 터진입구 | 터진에운담 | 열십 | 점복 | 병부절 |
| 厂 | 厶 | 又 | 口 | 囗 | 土 | 士 | 夂 | 夊 | 夕 | 大 | 女 | 子 |
| 민엄호 | 마늘모 | 또우 | 입구 | 큰입구 | 흙토 | 선비사 | 뒤져올치 | 천천히걸을쇠 | 저녁석 | 큰대 | 계집녀 | 아들자 |
| 宀 | 寸 | 小 | 尢 | 尸 | 屮 | 山 | 巛 | 工 | 己 | 巾 | 干 | 幺 |
| 갓머리 | 마디촌 | 작을소 | 절름발이왕 | 주검시 | 풀철 | 메산 | 개미허리 | 장인공 | 몸기 | 수건건 | 방패간 | 작을요 |
| 广 | 廴 | 廾 | 弋 | 弓 | 彐 | 彡 | 彳 | 心 | 戈 | 戶 | 手 | 支 |
| 엄호 | 민책받침 | 밑스물입 | 주살익 | 활궁 | 터진가로왈 | 터럭삼 | 두인변 | 마음심 | 창과 | 지게호 | 손수 | 지탱할지 |
| 攴 | 文 | 斗 | 斤 | 方 | 无 | 日 | 曰 | 月 | 木 | 欠 | 止 | 歹 |
| 둥글월문 | 글월문 | 말두 | 날근 | 모방 | 이미기 | 날일 | 가로왈 | 달월 | 나무목 | 하품흠 | 그칠지 | 죽을사 |
| 殳 | 毋 | 比 | 毛 | 氏 | 气 | 水 | 火 | 爪 | 父 | 爻 | 爿 | 片 |
| 갖은둥글월문 | 말무 | 견줄비 | 터럭모 | 각씨씨 | 기운기 | 물수 | 불화 | 손톱조 | 아비부 | 점괘효 | 장수장 | 조각편 |
| 牙 | 牛 | 犬 | 玄 | 玉 | 瓜 | 瓦 | 甘 | 生 | 用 | 田 | 疋 | 疒 |
| 어금니아 | 소우 | 개견 | 검을현 | 구슬옥 | 오이과 | 기와와 | 달감 | 날생 | 쓸용 | 밭전 | 필필 | 병질안 |
| 癶 | 白 | 皮 | 皿 | 目 | 矛 | 矢 | 石 | 示 | 内 | 禾 | 穴 | 立 |
| 필발 | 흰백 | 가죽피 | 그릇명 | 눈목 | 창모 | 화살시 | 돌석 | 보일시 | 자귀유 | 벼화 | 구멍혈 | 설립 |

| 竹 | 米 | 糸 | 缶 | 网 | 羊 | 羽 | 老 | 而 | 耒 | 耳 | 聿 | 肉 |
|---|---|---|---|---|---|---|---|---|---|---|---|---|
| 대죽 | 쌀미 | 실사 | 장군부 | 그물망 | 양양 | 깃우 | 늙을로 | 말이을이 | 쟁기뢰 | 귀이 | 오직율 | 고기육 |
| 臣 | 自 | 至 | 臼 | 舌 | 舛 | 舟 | 艮 | 色 | 艸 | 虍 | 虫 | 血 |
| 신하신 | 스스로자 | 이를지 | 절구구 | 혀설 | 어길천 | 배주 | 머무를간 | 빛색 | 초두 | 범호 | 벌레충 | 피혈 |
| 行 | 衣 | 襾 | 見 | 角 | 言 | 谷 | 豆 | 豕 | 豸 | 貝 | 赤 | 走 |
| 다닐행 | 옷의 | 덮을아 | 볼견 | 뿔각 | 말씀언 | 골곡 | 콩두 | 돼지시 | 갖은돼지시 | 조개패 | 붉을적 | 달아날주 |
| 足 | 身 | 車 | 辛 | 辰 | 辵 | 邑 | 酉 | 釆 | 里 | 金 | 長 | 門 |
| 발족 | 몸신 | 수레차 | 매울신 | 별진 | 책받침 | 고을읍 | 닭유 | 분별할변 | 마을리 | 쇠금 | 긴장 | 문문 |
| 阜 | 隶 | 隹 | 雨 | 靑 | 非 | 面 | 革 | 韋 | 韭 | 音 | 頁 | 風 |
| 언덕부 | 미칠이 | 새추 | 비우 | 푸를청 | 아닐비 | 낯면 | 가죽혁 | 가죽위 | 부추구 | 소리음 | 머리혈 | 바람풍 |
| 飛 | 食 | 首 | 香 | 馬 | 骨 | 高 | 髟 | 鬥 | 鬯 | 鬲 | 鬼 | 魚 |
| 날비 | 밥식 | 머리수 | 향기향 | 말마 | 뼈골 | 높을고 | 터럭발 | 싸울투 | 술창 | 솥력 | 귀신귀 | 고기어 |
| 鳥 | 鹵 | 鹿 | 麥 | 麻 | 黃 | 黍 | 黑 | 黹 | 黽 | 鼎 | 鼓 | 鼠 |
| 새조 | 소금밭로 | 사슴록 | 보리맥 | 삼마 | 누를황 | 기장서 | 검을흑 | 바느질할치 | 맹꽁이맹 | 솥정 | 북고 | 쥐서 |
| 鼻 | 齊 | 齒 | 龍 | 龜 | 龠 | | | | | | | |
| 코비 | 가지런할제 | 이치 | 용룡 | 거북귀 | 피리약 | | | | | | | |

## 언론과 정보 단어 익히기

| | | | |
|---|---|---|---|
| 言論 | 情報 | 新聞 | 雜誌 |
| 記事 | 報道 | 執筆 | 編輯 |
| 印刷 | 放送 | 聽取 | 廣告 |
| 通信 | 論壇 | 週刊 | 社說 |
| 歪曲 | 媒體 | 秘密 | 檢索 |

## 익힌 단어 확인하기

| 언론 | | | 정보 | | |
|---|---|---|---|---|---|
| 신문 | | | 잡지 | | |
| 기사 | | | 보도 | | |
| 집필 | | | 편집 | | |
| 인쇄 | | | 방송 | | |
| 청취 | | | 광고 | | |
| 통신 | | | 논단 | | |
| 주간 | | | 사설 | | |
| 왜곡 | | | 매체 | | |
| 비밀 | | | 검색 | | |

## 1. 部首

　부수란 계통이 같은 한자에서 공통분모로 추출될 수 있는 부분을 가리키는 것이다. 예를 들어 강(江), 헤엄칠 영(泳), 젖을 습(濕)자에 공통되는 삼수변(氵)이 부수가 된다.

　한자에는 이런 부수가 1획에서 17획까지 200여개가 있다. 이런 부수를 알아두면 사전에서 모르는 한자를 찾는 데 많은 도움을 받을 수 있을 뿐만 아니라, 한자의 의미를 유추하는 데에도 큰 도움을 얻을 수 있다.

## 2. 자전 찾기

　한자의 음이나 뜻에 대해 풀이해 놓은 책을 "字典 또는 玉篇"이라고 한다. 한자사전을 찾는 방법에는 몇 가지가 있을 수 있다. 가장 전통적인 방법으로 부수로 찾는 법이 있고, 아무것도 모를 때 글자의 전체 획수를 세어서 찾는 방법, 글자의 음을 알 때 음으로 찾는 법 등이 있다.

### 1) 부수로 찾는 방법

　이제 '烹'이란 글자를 가지고 실제로 찾아가는 과정을 살펴보자. 부수로 찾는 방법은 그 글자의 부수를 찾고, 그 부수를 뺀 글자의 획수를 세어 그곳이 있는 곳으로 가면 된다.

먼저 이 글자를 살펴보고 글의 부수가 무엇인지 알아보자. 여기에 부수로 될 만한 글자는 머리에 있는 '亠(돼지머리 해)'와 발에 있는 '灬(불 화)'가 있다. 아무 것도 모르는 상태니까 먼저 '亠(돼지머리 해)'부터 해 보자. 이 글자를 빼고 획수를 세어보니 口가 3획, 了가 2획, 灬가 4획, 모두 합해서 9획이 된다. 사전에 '亠(돼지머리 해)'가 있는 부분을 찾아 9획을 모아 놓은 곳에 간다. 거기 모여 있는 글자 중 이 글자를 찾으면 된다.

만일 찾을 수 없다면 이번에는 '灬(불 화)'로 찾아보자. 한자사전을 찾는 데에는 수많은 시행착오가 있어야 한다. 그래야 그 글자와 익숙해지고 친해지는 것이다. 먼저 이 글자를 빼고 획수를 세어보면 7획이 된다. '灬(불 화)' 부수 중 7획을 모아놓은 곳에 가서 이 글자를 찾는다. 그러면 거기 烹(삶을 팽)이 나올 것이다.


## 2) 총획수로 찾는 법

글자의 부수도 모르고 그저 모양만 알 때는 글자의 전체 획수를 세어서 찾는 방법이 있다. 전체 획수를 세어 사전 앞 뒤 부분에 달린 총획수로 한자를 모아놓은 부분에서 이 글자를 찾으면 된다. 가령 烹자의 경우 총 획수는 11획이므로 11획이 있는 곳에서 찾으면 된다. 그러나 비슷한 글자가 깨알같이 많으므로 쉽지만은 않을 것이다.


## 3) 한자의 음으로 찾는 법

가장 쉽고 빠른 방법은 한자의 음으로 찾는 방법이다. 그러나 이것은 한자의 음을 정확하게 알고 있을 때 가능한 방법이다. 정확한 음을 모르더라도 음으로 사용되는 부분의 글자를 대충 읽어서 찾을 수도 있다. 가령 '紋'이라는 글자가 있을 때 이 글자의 음부분에 있는 文을 보면 '문'이라는 발음으로 찾으면 紋(무늬 문)을 찾을 수 있다. 그러나 많은 한자가 이 글자처럼 정확하게 소리나지 않기에 음을 알고 있는 글자 외에는 찾기가 힘들다. 가령 烹의 음이 '팽'이라 알고 있다면 그 뜻이 '삶다'라는 것을 사전을 통해 알 수 있을 것이다.

1. 다음 부수의 변형 부수를 써보시오.

　　① 心(마음심)　　　　② 犬(개 견)

　　③ 艸(풀 초)　　　　④ 邑(고을 읍)

　　⑤ 阜(언덕 부)　　　⑥ 辵 쉬엄쉬엄갈 착

2. 부수 214자를 써 보시오.

3. 언론과 정보 관련 단어를 한자로 써 보시오.

4. 자전에서 글자의 음과 뜻을 찾는 방법을 쓰시오.

1. 한자 학습의 기초가 되는 부수 214자를 부지런히 익히고 외우자.

2. 한자의 뜻을 바르게 알아야 문장을 정확하게 이해할 수 있다.

3. 자전을 찾는 방법은 세 가지가 있다. 부수로 찾는 법, 총획수로 찾는 법, 음으로 찾는 법 등이다.

# 漢字의 바른 뜻



• 한자의 뜻을 알아본다.
• 한자어(漢字語)의 짜임을 이해한다.
• 경제(經濟)와 경영(經營)에 관련된 단어를 살펴본다.

## 1. 한자의 바른 뜻

한자는 뜻글자이다. 한문 文章은 이렇게 독립된 뜻을 가진 한자가 모여 이루어지기 때문에, 그 한자의 뜻을 바르게 알아야 문장을 정확하게 이해할 수 있다. 따라서 우리는 항상 한자 字典을 옆에 놓고 공부하는 습관을 길러야 하겠다. 그것은 한문 學習의 기본자세이기도 하다. 문장에서 모르는 한자가 나올 때마다 이를 자전에서 찾아 그 뜻을 파악하여, 문장 讀解에 이용하여야 한다. 이렇게 한문 문장 이해의 첫걸음은 한자의 뜻을 바르게 이해하는 데서부터 시작된다.

다음에서 우리는 한자 뜻의 바른 이해를 돕기 위해 音·義의 轉化, 品詞의 轉成 등에 대하여 알아보도록 하자.

### 1) 音·義의 轉化

한자는 기본적으로 한 글자가 한 가지의 음과 한 가지의 뜻을 지니고 있지만, 그렇지 않은 경우도 많다. 그러므로 한자의 음과 뜻에 대한 정확한 이해를 위해서는 조심스런 학습 태도를 가져야 한다.

● 음과 뜻이 각각 다르게 쓰이는 경우

① 無道人之短하고 無說己之長하라.　(文選)

(남의 단점을 말하지 말며, 자기의 장점을 말하지 말라.)

② 學而時習之면 不亦說乎아.　(論語)

(배워서 때로 익히면, 또한 즐겁지 아니한가?)

앞의 문장들에 나오는 '說'은 '말하다'는 뜻으로만 알기 쉽다. 분명히 문장 ①의 '說'은 '말하다'는 뜻의 '설'자이다. 그러나 문장 ②의 '說'은 '기쁘다'는 뜻의 '열'자로 쓰이고 있다. 이렇게 글자 한 자의 음과 뜻이 각각 다르게 쓰이는 경우가 있음을 알고, 이 점을 잘 살피면서 문장 독해에 임해야 한다.

● 음은 같으나 뜻이 다른 경우

① 子曰, 「過猶不及이니라.」　(論語)

(공자가 말했다. 지나친 것은 미치지 못하는 것과 같다.)

② 過則勿憚改니라.　(論語)

(허물이 있으면 고치기를 꺼려하지 말라.)

문장 ①의 '過'는 '지나치다'는 뜻으로, 문장 ②의 '過'는 '허물'이란 뜻으로 각각 쓰이고 있다. 한문 학습에 있어서는, 이처럼 글자 한 자가

두 가지 이상의 뜻으로 쓰이는 경우가 많기 때문에, 이 점에 특히 유의
하여야 한다.

## 2) 品詞의 轉成

품사란 단어를 문법상의 의미·형태·기능에 따라 분류한 종별을 말
한다. 그런데 한 단어가 본래의 품사와는 다른 문법상 성질을 가져서
다른 품사로 되는 일을 품사의 전성이라고 한다.

한자는 문장 構成에 따라 그 한자의 문법적 機能이 정하여지면서 품
사의 전성을 이룬다. 그러므로 문장의 구성을 잘 살핀 다음, 그 글자의
문법상 성질을 찾아내어 전성된 품사의 이해에 임해야 한다.

① 子能食食어든 敎以右手니라.　　(禮記)
   (자식이 밥을 먹을 수 있게 되거든 오른손으로 먹도록 가르칠 것
   이다.)
② 非先王之法服이어든 不敢服하며 非先王之法言이어든 不敢道하
   며 非先王之德이어든 不敢行이니라.　　(孝經)
   (선왕의 법다운 옷이 아니면 감히 입지 아니하며, 선왕의 법다운
   말이 아니면 감히 말하지 아니하며, 선왕의 덕행이 아니면 감히
   행하지 말 것이다.)

문장 ①에서 앞의 '食'은 동사로서 '먹는다'는 뜻으로, 뒤의 '食'은 명
사로서 '밥'이라는 뜻으로(이 때는 음도 '사'임), 각각 다르게 쓰이고 있
다. 즉, 같은 글자이면서도 그 쓰임에 따라 품사가 轉成되어 문장의
해석도 달라지게 된다.

문장 ②의 경우도 앞에 나오는 '服'은 명사로서 '옷'이란 뜻으로, 뒤에 나오는 '服'은 동사로서 '입는다'는 뜻으로 그 품사가 전성되어 달리 쓰이고 있다.

이와 같이 문장 구성에 따른 한자의 문법상 성질을 알고 그 품사의 뜻과 기능을 정확하게 이해하는 것은 한문 독해에 있어서 중요한 요소의 하나이다.


## 2. 한자어의 짜임

한자어는 둘 이상의 한자가 가지는 기능 관계에 의하여 새로운 의미를 지닌 單語로 결합된다. 때문에 한자어의 짜임을 그 기능 관계에 따라 이해하는 것은, 국어와는 달리 조사나 어미가 필요치 않고 글자를 일정한 순서에 의하여 羅列하여 그 뜻을 전달하는 한문을 이해하는 데에 효과적인 방법이 될 수 있다.

따라서 우리는 한자어를 바르게 읽고 쓰며, 그 뜻을 정확히 알아, 문장의 독해나 언어 생활에서 올바르게 활용할 수 있도록 노력해야 할 것이다.


### 1) 主述關係

| 주어 | ‖ | 서술어 |

日出 : 日 ‖ 出 (해가 ‖ 뜨다) → 해가 뜨다.

人造 : 人 ‖ 造 (사람이 ‖ 만들다) → 사람이 만들다.

## 2) 述目關係

| 서술어 | ‖ | 목적어 |

立志 : 立 │ 志 (세우다 | 뜻을) → 뜻을 세우다.

愛國 : 愛 │ 國 (사랑하다 | 나라를) → 나라를 사랑하다.


## 3) 述補關係

| 서술어 | / | 보어 |

有利 : 有 / 利 (있다 / 이로움이) → 이로움이 있다.

無言 : 無 / 言 (없다 / 말이) → 말이 없다.


## 4) 修飾關係

| 관형어 | | 체언 | | 부사어 | | 용언 |

① 관형어가 체언을 수식하는 관계로 이루어진 한자어.

　　靑天 : 靑　天(푸른 하늘)　　　流水 : 流　水(흐르는 물)

② 부사어가 용언을 수식하는 관계로 이루어진 한자어.

　　相扶 : 相　扶(서로 도움)　　　必勝 : 必　勝(반드시 이김)


## 5) 類似關係

비슷한 뜻을 가진 한자가 어울려 이루어진 한자어. 특히 같은 한자끼리 어울려진 한자어를 첩어라고 한다.

① 명사의 결합 : 명사 = 명사

　　海洋 : 海 = 洋(바다)　　　　　江河 : 江 = 河(강과 내)

② 형용사의 결합 : 형용사 = 형용사

　　正直 : 正 = 直(바르고 곧음)　永遠 : 永 = 遠(끝없이 지속됨)

③ 동사의 결합 : 동사 = 동사

　　視察 : 視 = 察(살펴봄)　　　　到達 : 到 = 達(다다름. 이름)

④ 첩어 : ☐ = ☐

　　雙雙 : 雙 = 雙(둘 이상의 쌍) 茫茫 : 茫 = 茫(넓고 멀어 아득함)


## 6) 對立關係

서로 반대 또는 상대되는 뜻을 가진 한자가 어울려 이루어진 한자어.

① 명사의 결합 : 명사 ↔ 명사

　　男女 : 男 ↔ 女(남자와 여자) 天地 : 天 ↔ 地(하늘과 땅)

② 형용사의 결합 : 형용사 ↔ 형용사

　　大小 : 大 ↔ 小(크고 작음)　　强弱 : 强 ↔ 弱(강하고 약함)

③ 동사의 결합 : 동사 ↔ 동사

　　動靜 : 動 ↔ 靜(움직임과 고요함)

　　往來 : 往 ↔ 來(가고 옴)

## 경제와 경영 단어 익히기

| | | | |
|---|---|---|---|
| 經濟 | 經營 | 景氣 | 物價 |
| 上昇 | 租稅 | 通貨 | 貨幣 |
| 需要 | 供給 | 賣買 | 巨額 |
| 融資 | 廉價 | 削減 | 輸出 |
| 貿易 | 株式 | 赤字 | 預金 |

| 경제 | | | 경영 | | |
|---|---|---|---|---|---|
| 경기 | | | 물가 | | |
| 상승 | | | 조세 | | |
| 통화 | | | 화폐 | | |
| 수요 | | | 공급 | | |
| 매매 | | | 거액 | | |
| 융자 | | | 염가 | | |
| 삭감 | | | 수출 | | |
| 무역 | | | 주식 | | |
| 적자 | | | 예금 | | |

## 1. 漢陽 都城의 四大門

1396년(태조 5) 도성을 축조할 때 正南에 崇禮門(지금의 서울 남대문), 正北에 肅靖門, 正東에 興仁門(지금의 서울 동대문), 正西에 敦義門을 세웠다.

숭례문은 1398년(태조7)에 창건하여 1448년(세종30)에 개축하고, 1479년(성종10) 다시 개축한 것을, 1962년 重修하였으나 2008년의 방화사건으로 소실되어 재건축하기에 이르렀다.

숙정문은 축조한 지 18년 만인 1413년(태종 13)에 문을 폐쇄하였다가, 1504년(연산군10)에 동쪽으로 약간 자리를 옮겨지었는데, 그때에는 석문만 세우고 문루는 건축하지 않은 것을, 1976년 北岳山 일대의 성곽을 복원하면서 문루를 짓고 肅靖門이란 편액을 걸었다.

흥인문은 1396년에 축조했는데, 다른 문과는 달리 甕城을 쌓았다. 축조한 지 50여 년이 지난 1451년(문종 1)에 개건하고, 1868년(고종 5)에 개수한 것을 1958년에 보수공사를 하였다.

돈의문(서대문)은 도성 축조 때에 현재의 사직동에서 독립문으로 넘어가는 고개에 세운 듯한데, 1413년 풍수지리설에 따라 그 남쪽(옛 서울고등학교 서쪽)으로 옮겨 西箭門이라 하였다가, 1422년(세종 4) 다시 그 남쪽(현 서대문 마루턱)에 移建하여 문의 이름을 도로 돈의문으로 하였다. 1711년(숙종37) 문루를 개건하였으나, 1915년 일제의 도시

계획으로 인해 철거되었다.


## 2. 景福宮의 四大門

### 1) 光化門

광화문은 경복궁의 정문으로 임금과 나라의 힘을 상징하는 문이다.
그래서 4대문 가운데 가장 크고 멋스럽게 지었다. 1395년 태조임금 4
년에 처음 지어졌는데, 처음에는 이름도 없이 그냥 四正門이라고 불리
다가 세종 때 광화문이라 이름 지었다. 여기서 光化는 '온 나라에 미치
는 빛이 된다.'는 뜻이다. 태조 때는 신하들이 조회에 함께 하도록 하기
위해 광화문 다락에 종을 달아서 치기도 했다.

1926년 일본이 조선총독부 건물을 지을 때 광화문은 건춘문 북쪽으
로 옮겨졌다. 게다가 엎친 데 덮친 격으로 6·25전쟁 때는 폭격까지 맞
아서 광화문의 나무로 된 부분들이 몽땅 없어져버렸다. 이후 광화문은
그나마 남아 있던 돌 받침대 부분에 철근 콘크리트로 기둥을 세워 1968
년에 다시 지었다가 2010년 원래 있었던 자리에 재건축되었다.

광화문은 2층 누각에 문이 셋 있다. 가운데 문은 왕이 다니는 문이고,
나머지 좌우의 문은 신하들이 다니던 문이다. 왕이 다니던 문의 천장에
는 봉황새 그림이 그려져 있고, 양 옆에 천마와 거북이 그림이 그려져
있다.


### 2) 建春門

건춘문은 경복궁의 동문으로 봄을 나타내는 문이다. 옛 사람들은 해
가 뜨는 동쪽에서부터 봄이 온다고 믿어 동문에 '봄을 몰고 온다.'라는

뜻을 지닌 건춘이라는 이름을 붙였다.

건춘문은 광화문과는 달리 문이 하나뿐이고 누각도 1층이다. 여기는 왕의 친척이나 상궁들이 드나들던 곳이라서 크게 짓지는 않았다. 건춘문은 대궐에서 병사들을 모으라는 종이 울리면, 왕을 직접 모시는 신하들이 병사들을 모아 명령을 기다리는 중요한 곳이기도 했다. 또한, 건춘문 천장에는 파랑, 빨강, 하양, 노랑, 검정의 다섯 가지 색을 써서 구름과 용을 그려놓았다. 동쪽에는 청룡, 서쪽에는 황룡을 그렸는데, 둘 다 여의주를 갖고 있어서 이는 모든 일이 뜻대로 이뤄진다는 뜻을 담고 있다.


### 3) 迎秋門

영추문은 경복궁의 서문으로 가을을 나타내는 문이다. 궁궐의 서문은 가을을 맞이한다고 하여 영추라는 이름을 붙였다. 그리고 또 다른 이름으로는 延秋門이라고도 한다.

예전에는 영추문 앞에 맑은 물이 흐르는 개울이 있었는데, 지금은 없어졌다. 지금 세워져 있는 영추문도 일본사람들에 의해 무너졌던 것을 1970년대에 다시 세운 것이다.

영추문으로는 궁궐에서 일하는 낮은 관직의 신하들이 드나들었다. 그래서 그런지 영추문은 크기와 생김새가 건춘문과 비슷하다. 문도 하나이고 누간도 1층으로 지어져있다.


### 4) 神武門

신무문은 경복궁의 북문으로 북쪽 방위를 맡은 太陰神 玄武에서 따온 이름이다.

1433년 세종 때 처음 지었는데, 임진왜란 때 불타 없어졌다가 고종 때 다시 지어졌다. 북쪽은 예부터 음기가 세다고 여겨져서, 신무문으로 드나드는 사람은 거의 없었고, 위급 시에 임금이 드나들었던 곳이다.

한마디로 신무문은 평소에는 거의 쓰이지 않다가 급할 때 쓰이는 비상구 같은 곳이다.


## 3. 五常과 四大門

유교에서 흔히 말하는 五常이란 사람이 마땅히 지켜야할 도리를 뜻하는 것으로, 仁·義·禮·智·信이 이에 해당한다.

우리 선조들은 서울의 4대문 이름을 지을 때 이 오상에서 각각 한 글자씩 인용하여 興仁門, 敦義門, 崇禮門, 肅靖門 [혹은 肅淸門이라고도 함]이라 이름 붙였다. 그리고 서울 중앙에 信자가 들어가는 普信閣을 세워 오상의 체계를 완성하였다.

1. 밑줄 친 한자의 음과 뜻을 잘 가려 다음의 한문을 해석해 보시오.

　① 無道人之短하고 無說己之長

　② 學而時習之면 不亦說乎아.

　③ 子曰, 過猶不及이니라.

　④ 過則勿憚改니라.

2. 經濟와 經營에 관련된 단어를 써 보시오.

3. 서울의 4대문과 경복궁의 4문의 이름을 익히고 써보자.

1. 한문 문장 이해의 첫걸음은 한자의 뜻을 바르게 알고, 짜임을 이해하는 데서부터 시작된다.

2. 한양의 도성 4대문은 崇禮文, 肅靖門, 興仁門, 敦義門이다.

3. 경복궁의 4대문은 光化門, 建春文, 迎秋門, 神武門이다.

4. 사람이 마땅히 지켜야할 도리 五常은 仁, 義, 禮, 知, 信을 말하는 것이다.

제5강
# 漢字의 品詞

❀ **학습목표** ❀

• 한자(漢字)의 품사(品詞)에 대해 알아보자.
• 특수 발음자와 외국 고유 명사를 한자어로 표기하는 방법에 대해 알아보자.
• 정치(政治)와 외교(外交)에 대한 단어를 익혀보자.


## 1. 漢字의 品詞

한자의 품사는 학자에 따라서 그 명칭과 분류 방법이 약간씩 차이가 있다. 여기서는 가장 대표적인 11품사, 즉 명사·대명사·동사·형용사·보조사·부사·접속사·전치사·후치사·감탄사·종결사로 나누기로 한다.

### 1) 名詞

'漢江, 孔子, 山, 仁, 民' 등과 같이 사람이나 사물의 이름을 나타내는 품사이다.

山高(산고) : 산은 높다.　花開(화개) : 꽃이 핀다.

　→ 보통명사(普通名詞)

孔子聖人也(공자성인야) : <u>공자</u>는 성인이다.
→ 고유명사(固有名詞)

<u>仁</u>人心也 <u>義</u>人路也(인인심야 의인로야) : <u>인</u>은 사람의 마음이요, <u>의</u>는 사람의 길이다.
→ 추상명사(抽象名詞)

學者<u>所</u>患 惟有立志不誠(학자소환 유유입지불성) : 배우는 사람이 근심하는 바는 오직 뜻을 세움이 성실하지 못함에 있다.
→ 의존명사(依存名詞)


## 2) 代名詞

'吾. 我, 汝, 彼, 是, 誰, 何' 등과 같이 사물의 이름을 대신 나타내는 품사이다.

<u>吾</u>與<u>汝</u> 登高山(오여여 등고산) : <u>나</u>와 <u>너</u>는 높은 산을 오른다.
→ 인칭대명사(人稱代名詞)

皆<u>何</u>處居(개하처거) : 모두 <u>어느</u> 곳에 사는가?
→ 의문대명사(疑問代名詞)

<u>此</u>花定無香(차화정무향) : <u>이</u> 꽃은 정히 향기가 없을 것이다.
→ 지시대명사(指示代名詞)


## 3) 動詞

'出, 開, 飛, 用, 爲' 등과 같이 사람 또는 사물의 동작이나 행위를 나타내는 품사이다.

百花盛<u>開</u>(백화성개) : 온갖 꽃이 활짝 <u>피었다</u>.
→ 완전자동사(完全自動詞)

檀君爲山神(단군위산신) : 단군이 산신이 <u>되다</u>.

　→ 불완전자동사(不完全自動詞)

兄<u>讀</u>書(형독서) : 형이 책을 <u>읽는다</u>.

　→ 완전타동사(完全他動詞)

舜<u>用</u>其中於民(순용기중어민) : 순 임금은 백성들에게 그 中(중용)을 <u>베풀었다</u>.

　→ 불완전타동사(不完全他動詞)


## 4) 形容詞

'高, 寒, 良, 白, 淸' 등과 같이 사람 또는 사물의 상태나 성질을 나타 내는 품사이다. 명사·대명사 앞에서 관형어로 쓰이기도 하고, 서술어 가 되기도 한다.

　<u>靑</u>山<u>綠</u>水(청산녹수) : <u>푸른</u> 산과 <u>푸른</u> 물

　→ 수식기능

　冬<u>寒</u>夏<u>熱</u>(동한하열) : 겨울은 <u>춥고</u>, 여름은 <u>덥다</u>.

　→ 서술의 기능

　<u>靑</u>出於藍(청출어람) : <u>청(푸름)</u>은 쪽에서 나온다.

　→ 명사의 역할(靑은 형용사이지만 명사로 쓰였다.)


## 5) 補助詞

'能, 不, 使, 無, 被, 欲' 등과 같이 동사나 형용사를 돕는 품사이다. '조동사'라고도 하나, 형용사도 돕는 구실을 하므로, '보조사'라고 이름 을 붙였다.

子<u>能</u>更鳴(자능경명) : 그대는 <u>능히</u> 울음을 고칠 <u>수 있다</u>.

→ 가능(可能)

德<u>不</u>孤(덕불고) : 덕은 외롭지 <u>않다</u>.

→ 부정(否定)

父母<u>使</u>兄弟尤<u>當友愛</u>(부모사형제우당우애) : 부모가 형제로 하여금 더욱 마땅히 우애<u>하도록 하다</u>.

→ 사동(使動)

<u>無</u>道人之短(무도인지단) : 남의 단점을 말하지 <u>말라</u>.

→ 명령(命令)

今人 多是<u>被養於</u>父母(금인 다시피양어부모) : 지금 사람들은 지나치게 부모에게 양육<u>된다</u>.

→ 피동(被動)

樹<u>欲</u>靜而風不止(수욕정이풍부지) : 나무가 <u>고요하고자 하나</u> 바람이 그치지 않는다.

→ 원망(願望)


## 6) 副詞

'須, 甚, 嘗, 若, 何, 豈' 등과 같이 동사·형용사 또는 다른 부사를 한정하거나 수식해 주는 품사이다.

學者 <u>須</u>是務實(학자 수시무실) : 배우는 사람은 <u>반드시</u> 참된 일에 힘써야 한다.

→ 당위(當爲)

事勢<u>甚</u>急(사세심급) : 사세가 <u>매우</u> 다급하다.

→ 정도(程度)

吾嘗聞道(오상문도) : 내가 <u>일찍이</u> 도를 들었다.
　→ 시간(時間)

若不學 無所望(약불학 무소망) : <u>만약</u> 배우지 않으면 바랄 것이 없다.
　→ 가정(假定)

凡讀書者 將以<u>何</u>爲也(범독서자 장이하위야) : 무릇 글을 읽는 것은 장차 <u>무엇을</u> 위함인가?
　→ 의문(疑問)

<u>豈</u>能獨樂哉(기능독락재) : <u>어찌</u> 혼자서만 즐길 수 있겠는가?
　→ 반어(反語)


## 7) 接續詞

'與, 及, 則, 而, 且, 卽' 등과 같이 단어와 단어, 구와 구, 절과 절을 연결시켜 이들의 상호 관계를 나타내 주는 품사이다.

富<u>與</u>貴是人之所欲也(부여귀시인지소욕야) : 부<u>와</u> 귀는 사람이 바라고자 하는 바이다.

聖賢用心之迹 <u>及</u>善惡之可效可戒者(선현용심지적 급선악지가효가계자) : 성인과 현인이 마음 쓴 자취<u>와</u> 선과 악의 본받아야 할 것과 경계하여야 할 것.

水至淸<u>則</u>無魚(수지청즉무어) : 물이 지극히 맑<u>으면</u> 고기가 없다.

不知彼<u>而</u>知己 一勝一敗(부지피이지기 일승일패) : 상대를 알지 못하<u>고</u> 자기를 알면, 한 번 이기고 한 번 패한다.
　→ 순접(順接)

食<u>而</u>不知其味(식이부지기미) : 먹어<u>도</u> 그 맛을 알지 못한다.
　→ 역접(逆接)

問姓名 驚且異之(문성명 경차이지) : 성명을 묻고는 놀라고 <u>또한</u> 이상하게 여겼다.

見之 <u>卽</u>往草澤中(견지 즉왕초택중) : 그것을 보고 곧 풀이 있는 못 가운데로 갔다.


## 8) 前置詞

'於, 于, 乎, 與, 自' 등과 같이 체언(류) 앞에 놓여 명사류와 서술어의 관계를 밝히고, 그 뜻을 돕는 구실을 하는 품사이다.

一日之計在<u>於</u>朝(일일지계재어조)  : 하루의 계획은 아침<u>에</u> 있다.

吾十有五而志<u>于</u>學(오십유오이지우학) : 나는 열다섯 살에 학문<u>에</u> 뜻을 두었다.

國之語音 異<u>乎</u>中國(국지어음 이호중국) : 나라의 말이 중국<u>과</u> 다르다.

<u>與</u>民同樂(여민동락) : 백성<u>과 더불어</u> 즐거움을 같이하다.

<u>自</u>遠方來(자원방래) : 먼 곳<u>으로부터</u> 오다.


## 9) 後置詞

'之, 者'와 같이 체언(류) 뒤에 놓여 명사류와 서술어의 관계를 밝히고, 그 뜻을 돕는 구실을 하는 품사이다.

君子<u>之</u>交 淡如水(군자지교 담여수) : 군자<u>의</u> 사귐은 담담하기가 물과 같다.

孝<u>者</u> 德之本也(효자 덕지본야) : 효<u>는</u> 덕의 근본이다.

※ 전치사와 후치사는 그 위치만 다를 뿐 기능은 같기 때문에 둘을 합쳐 개사(介士)라고도 함.

## 10) 感歎詞

'嗚呼, 惡, 噫, 嘆' 등과 같이 감동을 나타내는 품사이다.

嗚呼, 痛哉(오호 통재) : <u>아아</u>, 원통하도다!

惡, 是何言也(오 시하언야) : <u>아아,</u> 이 무슨 말이냐?

噫, 勢急矣(희 세급의) : <u>아,</u> 형세가 급하도다!


## 11) 終結詞

'也, 耳, 哉, 乎, 矣' 등과 같이 문장 끝에 붙어서 단정·한정·의문·감탄 등의 뜻을 나타내는 품사이다.

孝百行之源<u>也</u>(효백행지원야) : 효도는 모든 행동의 근원<u>이다.</u>
→ 단정(斷定)

皆在我<u>耳</u>(개재아이) : 모두 나에게 있을 <u>뿐이다.</u>
→ 한정(限定)

不二者 可與言<u>哉</u>(불이자 가여언재) : 어질지 못한 자는 더불어 말할 수 있겠<u>는가?</u>
→ 의문(疑問)

獨無主<u>乎</u>(독무주호) : 홀로 주인이 없겠<u>는가?</u>
→ 의문(疑問)

甚<u>矣</u>, 今年之旱災(심의 금년지한재) : 심하<u>구나!</u> 금년의 한재여!
→ 감탄(感歎)

## 정치와 외교 단어 익히기

| | | | |
|---|---|---|---|
| 改革 | 國會 | 選擧 | 總選 |
| 候補 | 公約 | 當選 | 遊說 |
| 司正 | 刷新 | 輿論 | 領袖 |
| 政黨 | 執權 | 跛行 | 懸案 |
| 國際 | 修交 | 巡訪 | 滯留 |

## 익힌 단어 확인하기

| 개혁 | | | 국회 | | |
|---|---|---|---|---|---|
| 선거 | | | 총선 | | |
| 후보 | | | 공약 | | |
| 당선 | | | 유세 | | |
| 사정 | | | 쇄신 | | |
| 여론 | | | 영수 | | |
| 정당 | | | 집권 | | |
| 파행 | | | 현안 | | |
| 국제 | | | 수교 | | |
| 순방 | | | 체류 | | |

## 1. 특수 발음자

한자 중에는 발음에 주의를 기울어야 하는 단어들이 있다. 한자 자체의 본래 발음이 변형 되어 특수한 음으로 읽히기 때문이다.

### 1) 불교 용어

보시(布施) : 중이 중생들에게 재물을 베푸는 것을 말한다.

반야(般若) : 지혜라는 의미

사바(裟婆) : 고난의 현실 세계

도량(道場) : 불교에서는 절을 도량이라고 한다.

열반(涅槃) : nirvana의 음을 옮긴 것으로 천국을 말함

시방(十方) : 온 세상

보리수(菩提樹) : 나무 이름

나무아미타불(南無阿彌陀佛)

### 2) 우리식 발음

① '률/렬'은 모음이나 'ㄴ'음 다음에는 '율/열'로 읽고 적음

　　률/율(律) : 법률(法律) → 운율(韻律), 선율(旋律), 규율(規律)

　　렬/열(裂) : 멸렬(滅裂) → 파열(破裂), 분열(分裂)

　　　　　룰/율(率) : 확률(確率) → 비율(比率), 백분율(百分率)
② 두음법칙에 의해 ‘ㄹ’음이 앞 글자에 오면 ‘ㄴ’으로 적음
　　　　　늙을 로(老) → 노인(老人), 경로(敬老)
　　　　　우레 뢰(雷) → 뇌성(雷聲), 피뢰(避雷針)
③ 우리 식으로 전통적으로 읽어온 것
　　　　　목단(牧丹) → 모란,　　글안(契安) → 거란


## 2. 외국 지명, 인명

　　중국어에서 원어에 가깝게 사용하는 말이거나 의미를 직역한 것으로 우리는 될 수 있는 한 사용하지 않는 것이 좋다. 발음의 유사성을 유추해보면 어느 정도 짐작할 수 있다.

아라사(俄羅斯) → 러시아　　　　토이기(土伊其) → 터키
서　서(瑞　西) → 스위스　　　　서　전(瑞　典) → 스웨덴
성　항(星　港) → 싱가폴　　　　법　국(法　國) → 프랑스
애　란(愛　蘭) → 아일랜드　　　빙　도(氷　島) → 아이스랜드
가나대(加拿大) → 캐나다　　　　애　급(埃　及) → 이집트
나파륜(奈巴崙) → 나폴레옹　　　임　긍(林　肯) → 링컨

1. 다음 한자의 음과 뜻을 쓰고, 그 의미를 새겨 보시오.

　① 仁人心也　義人路也

　② 水至淸則無魚

　③ 無道人之短

　④ 樹欲靜而風不止

　⑤ 若不學　無所望


2. 다음 國名의 한자표기가 잘못된 것을 찾아보시오.

　① 싱가포르 – 星港　　　② 러시아 – 瑞西

　③ 아이슬랜드 – 氷蘭　　④ 스웨덴 – 瑞典


3. 나무아미타불(南無阿彌陀佛)과 같은 성격의 한자어가 아닌 것을 찾으시오.

　① 사찰(寺刹)　　　② 보시(布施)

　③ 사바(裟婆)　　　④ 열반(涅槃)


4. 政治와 外交에 포함되는 단어를 쓰시오.

1. 한자의 품사는 학자에 따라서 그 명칭과 분류 방법이 다르긴 하지만 대표적인 것은 11품사이다. 명사·대명사·동사·형용사·보조사·부사·접속사·전치사·후치사·감탄사·종결사로 분류한다. 이를 알고 한자를 바르게 이해할 수 있어야 한다.

2. 한자 중에는 발음에 주의를 기울어야 하는 단어가 있다. 한자 자체의 본래 발음이 변형 되어 특수한 음으로 읽히는 것은 꼭 외워두도록 하자.

3. 외국의 지명과 인명을 한자로 표기할 경우 발음의 유사성으로 유추해 보자.

<h1 style="text-align:center">제6강<br>漢文의 構造</h1>



## 1. 한문의 구조

한자는 형태의 변화 없이 그 글자가 놓이는 位置, 즉 語順에 따라 성분을 달리하면서 의미를 가진 문장을 이루게 된다. 그러므로 한문의 구조를 이해하는 것은, 우리가 목표로 하는 한문 문장의 정확한 독해와 활용을 위한 기본적인 학습 과정이 된다.

### 1) 單 文

#### ① 基本構造

㉠ 主述構造 : 　주어　 ‖ 　서술어　

주어와 서술어로 이루어지는 문장.

春來 : 春 ‖ 來(봄이 오다.)

ⓛ 述目構造 : 　주어　 ‖ 　서술어　 │ 　목적어　

주어와 서술어와 목적어로 이루어지는 문장.

兄讀書 : 兄 ‖ 讀 │ 書(형이 책을 읽다.)

ⓒ 述補構造 : 　주어　 ‖ 　서술어　 / 　보어　

주어와 서술어와 보어로 이루어지는 문장.

檀君爲山神 : 檀君 ‖ 爲 / 山神(단군이　산신이　되다.)


② **擴張構造**

㉠ 主述擴張構造 : 　관형어　 　주어　 ‖ 　부사어　 　서술어　

주어와 서술어를 관형어와 부사어가 각각 수식하여 이루어지는 문장.

陽春方來 : 陽　春 ‖ 方　來(따뜻한 봄이 바야흐로 오다)

ⓛ 述目擴張構造 :

　관형어　 　주어　 ‖ 　부사어　 　서술어　 ‖ 　관형어　 　목적어　

주어와 서술어와 목적어를 관형어와 부사어가 각각 수식하여 이루어
지는 문장.

吾兄精讀古書 : 吾　兄 ‖ 精　讀 │ 古　書 (내 형이 옛 책을 자세히
읽는다.)

ⓒ 述補擴張構造 :

　관형어　 　주어　 ‖ 　부사어　 　서술어　 / 　관형어　 　보어　

주어와 서술어와 보어를 관형어와 부사어가 각각 수식하여 이루어지
는 문장.

積善之家必有餘慶 : 積善之 家 ∥ 必 有 / 餘 慶
(선을 쌓는 집에는 자손에게 미치는 경사가 반드시 있다.)


## 2) 複合文

사람의 사상이나 감정은 다양하고 복잡하게 나타나기 때문에, 단문만으로는 표현과 전달을 원활히 할 수 없으므로, 자연히 둘 이상의 문장이 결합된 복합문이 그 역할을 맡게 되었다.


### ① 병렬 복합문

문장에서 주술 관계가 성립되는 두 개의 부분이 대등한 병렬 관계를 이루고 있는 문장. 앞에 오는 주술 구성의 서술어는 '~고, ~며, ~자' 등으로 새겨진다.

山高水清 : 山 ∥ 高, 水 ∥ 清(산은 높고, 물은 맑다.)


### ② 포유 복합문

문장에서 주술 관계가 성립되는 두 개의 부분이 包有的인 연결 관계를 이루고 있는 문장.

世俗之人皆喜人之同乎己 : 世俗之 人 ∥ 皆 喜 | 人之 ∥ 同乎己
(세속의 사람들은 다른 사람이 자기와 같은 것을 모두 좋아한다.)

※ 그 밖에 從屬的인 접속 관계로 이루어진 종속 복합문이 있다. 종속 복합문에서는 주술 구성의 서술어가 '~는데, ~더니, ~므로, ~거늘, ~거든, ~자면, ~되, ~나, ~려, ~러' 등으로 새겨진다.

## 격언 익히기

仁者無敵　　殺身成仁　　先公後私

盡忠報國　　溫故知新　　見賢思齊

欲速不達　　見利思義　　事必歸正

安居危思　　有備無患　　升堂入室

明鏡止水　　埋骨不埋名

# 익힌 격언 확인하기

| | | | | | |
|---|---|---|---|---|---|
| 인자무적 | | | 살신성인 | | |
| 선공후사 | | | 진충보국 | | |
| 온고지신 | | | 견현사제 | | |
| 욕솔부달 | | | 견리사의 | | |
| 사필귀정 | | | 안거위사 | | |
| 유비무환 | | | 승당입실 | | |
| 명경지수 | | | 매골<br>불매명 | | |

## 1. 格言과 俗談

격언은 인생을 현명하게 살아가는데 도움이 되는 敎訓을 簡潔하게 表現한 말이다. 金言, 箴言이라고도 하는데, 인간의 道德律, 行動規範에 관하여 萬人이 共感할 수 있도록 짧게 표현한 것이 특징이다.

속담은 庶民들 사이에 널리 유포되어 있는 警句, 諷刺, 敎訓, 諧謔 등을 짤막하게 나타낸 말이다. 따라서 속담은 말 자체의 뜻보다는 그 뜻이 내포하고 있는 풍자의 내용이나 속뜻을 바르게 알아야 한다.

## 2. 安居危思와 有備無患

春秋時代 晋의 悼公에게는 司馬魏絳이라는 忠臣이 있었다. 그 때 오랑캐 나라 無終國이 和親을 目的으로 使臣과 함께 珍奇한 禮物을 바쳐 왔다. 하지만 悼公은 冷淡했다. "녀석들은 信義도 없고 貪慾스럽기 그지없소. 차라리 拒絕하고 치는 것이 어떻겠소?" 그러나 사마위강은 생각이 달랐다. "그렇지 않습니다. 그들이 自請해서 和親을 要求해 왔다는 것은 晋으로는 커다란 幸運이 아닐 수 없습니다. 치는 것은 옳지 않습니다"結局 그의 建議대로 和親을 맺고 晋은 外患을 줄일 수 있었다.

이후 晋은 司馬魏絳의 勞力으로 超强大國이 될 수 있었다. 그의 노고에 대한 보답으로 悼公이 그에게 金銀寶貨를 下賜하자 司馬魏絳은 정중히 拒絕하면서 말했다. "便安할 때에 危機를 생각하십시오{居安思危}. 그러면 對備를 하게 되며{思則有備}, 對備 態勢가 되어 있으면 근심이 사라지는 법입니다{有備則無患}"

이렇게 성정이 곧고 바른 신하를 두었던 悼公은 마침내 그의 도움으로 패업(霸業)을 이루게 되었다.

'개구리 올챙이 적 생각 못 한다'는 말이 있다. 形便이 좀 나아지면 '내가 언제 그랬느냐'는 듯 쉬이 잊어버리곤 한다. 열심히 노력해 좀 살게 되었는가 했더니 이제는 過消費가 문제다. 이래 가지고는 닥쳐 올 危機에 對處할 수 없다. 豊足할수록 窮乏했던 때를 생각해야 하고 그러기 위해서는 미리미리 對備해야 한다.


## 3. 속담

**1) 於異阿異라. ('어'다르고 '아'다르다)**

☞ 근소한 차이 같지만 결과적으로는 다르다는 뜻으로, 같은 말이라도 잘 골라 써야 함을 이르는 말이다.

**2) 旱時에 太出이라. (가물에 콩 나듯)**

☞ 어떤 일이나 물건이 드문드문 있는 것을 이르는 말이다.

**3) 烏飛梨落이라. (까마귀 날자 배 떨어진다)**

☞ 일이 공교롭게 같이 일어나 남의 의심을 받게 됨을 이르는 말이다.

**4) 同價紅裳이라. (같은 값이면 다홍치마)**

☞ 같은 가격이면 품질이 좋은 것을 택한다는 말이다.

5) 隨友適江南이라.(친구 따라 강남 간다)

☞ 자기는 하고 싶지 않으나 남에게 이끌려서 행동하게 되는 경우를
이르는 말이다.

6) 騎馬면 欲率奴라.(말 타면 경마 잡히고 싶다)

☞ 사람의 욕심은 한이 없다는 뜻이다.

7) 蔬之將善에 兩葉可辨이라.(될성부른 나무는 떡잎부터 알아본다)

☞ 자라서 크게 될 사람은 어릴 적부터 다르다는 말이다.

8) 一日之狗가 不知畏虎라.(하룻강아지 범 무서운 줄 모른다)

☞ 철모르고 함부로 덤비는 것을 가리키는 말이다.

1. 다음을 문장 구조에 맞게 우리말로 써 보시오.

　① 春來

　② 檀君爲山神

　③ 兄讀書

　④ 山高水淸

　⑤ 世俗之人皆喜人之同乎己


2. 다음 보기에서 아래의 설명에 해당하는 내용을 고르시오.

| 보기 | ㄱ. 殺身成仁 | ㄴ. 溫故知新 | ㄷ. 見利思義 |
|---|---|---|---|
| | ㄹ. 有備無患 | ㅁ. 騎馬면 欲率奴라 | ㅂ. 烏飛梨落 |

　① 인간의 욕심은 끝이 없음을 뜻하는 말

　② 미리 대비하면 어려운 일을 잘 견뎌낼 수 있음

　③ 자신을 희생하여 인간 도리의 극치인 인(仁)을 이룸

　④ 어떤 일의 결과로 자신이 오해를 받게 됨

　⑤ 이익을 보게 되었을 때 그것이 옳은 것인지를 생각함

　⑥ 옛일을 교훈삼아 새로운 지혜를 얻음

1. 한자는 형태의 변화 없이 그 글자가 놓이는 位置, 즉 語順에 따라 성분을 달리하면서 의미를 가진 문장을 이루게 된다.

2. 한문의 구조를 이해하는 것은, 우리가 목표로 하는 한문 문장의 정확한 독해와 활용을 위한 기본적인 학습 과정이다.

3. 격언은 인생을 현명하게 살아가는데 도움이 되는 敎訓을 簡潔하게 표현한 말이다.

4. 속담은 서민들 사이에 널리 유포되어 있는 警句, 諷刺, 敎訓, 諧謔 등을 짤막하게 나타낸 말이다.

5. 오늘 배운 격언과 속담에 나오는 한자(漢字)를 자전(字典)에서 찾아 그 뜻을 알아보자.

6. 격언의 내용을 잘 이해하여 마음에 새기고, 자신의 생활태도를 재정립해 보자.

7. 속담의 뜻을 바로 새겨 일상의 대화 속에서 사용해보자.

✿ 학습목표 ✿

• 한문의 독해에 대해 알아보자.
• 여러 문헌에 나타난 격언을 익혀보자.
• 구결과 현토에 대해 살펴보자.

## 1. 漢文의 讀解

한문 문장은 원래 句讀點도 찍혀 있지 않고, 吐도 없기 때문에, 우리가 문맥을 파악하기란 쉬운 일이 아니다. 그리하여 우리는 한문을 익힐 때, 글의 뜻을 쉽게 이해하기 위하여 구두점을 이용하거나 어구 아래에 조사나 용언의 활용형으로 된 토를 달 필요성을 느끼게 된다. 이렇게 懸吐의 방법을 써서 한문을 익히면, 문장을 읽어 나가면서 바로 글의 뜻을 이해하는 데 큰 도움이 되기 때문에, 그것은 우리가 한문에 친숙하게 접근할 수 있도록 해주는 편리한 방법이다. 하나의 문장을 예로 하여 그 방법의 편리함을 알아보도록 하자.

子曰吾嘗終日不食終夜不寢以思無益不如學也.　（論語）

이 문장을 그대로 놓고서 그 문맥을 이해하기란 여간 어렵지 않다.
子曰, 吾嘗終日不食, 終夜不寢, 以思, 無益, 不如學也.

그러나 이렇게 구두점을 찍어 놓고 보면 문맥의 이해가 훨씬 쉬어질
것이다. 여기에다 토를 달아 보자.
子曰, 吾嘗終日不食하고 終夜不寢하며 以思하되 無益이라 不如學也로다.

이렇게 토를 다는 것만으로도 문맥은 거의 파악되어 버린 셈이다.
다만 이 때 토는 반드시 구두점이 찍힐 자리에 달게 되는 것에 유의해야
한다. 이제 우리말로 번역해 보자. 공자께서 말씀하셨다. "내가 일찍이
종일토록 먹지 아니하고, 밤새도록 자지 않으면서 생각하였지만 이로
움이 없었다. 배우는 것만 같지 못하다."
　여기에서 현토한 문장이 한문과 번역문의 중간 단계임을 알 수 있다.
물론 번역문의 경우는 뜻이 분명하게 이해되기는 하지만, 그것으로 한
문 문장 자체의 문맥을 파악할 수는 없다. 그러나 현토한 문장은 본래
의 문장을 온전히 유지하면서 문맥을 이해할 수 있게 해주는 한편으로
우리 국어와도 서로 관련지어져 있기 때문에, 한문 학습에 효과적으로
이용될 수 있는 것이다. 그렇다고 현토하는 방법에 너무 얽매일 필요는
없다. 문장의 문맥만 파악되면 우리 국어의 언어 감각에 따라 저절로
붙여지기 때문이다.
　이처럼 우리의 선인들은 문장 독해에 있어서 줄글로 된 문장을 몇
번이고 반복하여 읽어 봄으로써 띄어 읽어야 할 데를 띄어 읽고, 마침

내는 우리 국어와 서로 관련시켜 토를 다는 데까지에 이르는 한문 학습의 길을 걸어왔다. 우리가 배우는 교재는 전부 토를 달아 놓아 독해하기 편리하도록 되어 있으나, 대부분의 한문 古典은 토를 달아 놓지 않았으므로, 우리도 이와 같은 과정의 훈련을 쌓는 것이 한문 학습을 위한 바른 길이 될 것이다.

德不孤<sub></sub>라 必有隣이니라.　[論語]

富潤屋이요 德潤身이니라.　[大學]

滿招損하고 謙受益이라.　[書經]

柔弱이 勝剛强이라.　[老子]

不入虎穴이면 不得虎子라.　[後漢書]

積善之家에 必有餘慶이요 積不善之家에 必有餘殃이니
라.　[易經]

破山中賊은 易이나 破心中賊은 難이라.　[陽明全書]

玉不琢이면 不成器요, 人不學이면 不知道라.　[禮記]

瓜田에 不納履요, 李下에 不整冠이라.　[文選]

寡欲者는 死無餘戀하고 生無浪憂니라.　[士小節]

## 1. 老子와 道德經

老子는 중국 춘추시대의 사상가로, 이 노자의 사상을 중심으로 하여 노자를 教祖로 삼은 중국의 토착 종교가 곧 道教이다.

道德經은 노자가 지었다고 전해지는 도교의 경전으로, 상편 37장의 내용을 道經, 하편 44장의 내용을 德經이라 한다.

도덕경에 나오는 다음의 내용을 함께 읽으며 삶의 자세를 가다듬어 보자.

- 상선약수(上善若水) : 선중의 상은 물의 그것과 같다.
- 수선이만물이부쟁(水善利萬物而不爭) : 물의 선은 다투지 않으면서도 만물을 이롭게 한다.
- 처중인지소오(處衆人之所惡) : 뭇사람이 모이는 곳에 머물기를 싫어하는 때문이다.
- 고기어도(故幾於道) : 그러므로 물은 도와 가깝다할 수 있다.

노자는 물(水)과 같은 자연스러운 태도를 최선의 삶의 자세로 인식하며 다음과 같은 처신의 도리를 제시하고 있다.

- 거선지(居善地) : 머물 때는 땅(장소)을 잘 보고 앉아야 하고
- 심선연(心善淵) : 마음은 언제나 그윽하게 가지도록 하며,

- 여선인(與善仁) : 남을 대할 때는 인으로 대하고
- 언선신(言善信) : 말을 할 때는 믿을 수 있는 말만 하고
- 정선치(正善治) : 바로잡을 때는 다스리는 법도로써 하고
- 사선능(事善能) : 일을 할 때는 능력으로 하며
- 동선시(動善時) : 움직일 때는 때를 잘 보고서 움직여야 하되,
- 부유부쟁(夫唯不爭) : 가장 중요한 것은 오로지 남과 다투지 않는 것이니
- 고무우(故無尤) : 그리하면 네가 허물(우환)이 없으리로다.


## 2. 도교의 傳來

중국에서는 隋나라와 唐나라 때 민간신앙으로서의 도교가 널리 퍼져 있었다. 이미 중국과 대등한 세력으로 성장해 있었던 고구려에서도 도교를 적극적으로 수용하였다. 그 결과 고구려 고분 벽화에 도교의 성향이 고스란히 드러나 있다.

사정이 이렇듯이 고구려 사람들도 도교의 경전인 '도덕경'을 즐겨 읽어 내용을 잘 이해하고 있었을 것으로 짐작된다. 고구려 장수 '을지문덕'이 수나라의 침략에 맞서 수나라 장수 '于中文'에게 보낸 詩에서 그러한 정황을 발견할 수 있다.

漢詩를 지을 때 경전이나 옛 글귀를 인용하여 하고 싶은 말을 은연중에 드러내는 방법을 '典故'라고 하는데, 을지문덕이 바로 그 시에서 도덕경의 내용을 '전고'로 삼고 있다.

도덕경의 내용에 "족함을 알면 욕되지 않고[지족불욕(知足不辱)], 그칠 줄 알면 위태하지 않다[지지불태(知止不殆)]."라는 구절이 있는데

이 부분을 이용하여 을지문덕은 다음과 같은 시를 지었다.

신책구천문(神策究天文)　귀신같은 책략은 천문을 꿰뚫었고
묘산궁지리(妙算窮地理)　기묘한 계산은 지리를 통달했도다
전승공기고(戰勝功旣高)　싸워서 이긴 공이 이미 높으니
지족원운지(知足願云止)　만족함을 알아 그치기를 바라노라

을지문덕은 이렇게 수나라에 만연했던 도교 사상을 이용하여 적의 기운을 제압하는 시를 써서 敵將에게 보냈던 것이다.

1. 다음의 한문 문장에 吐를 달아 읽어 보시오.

　　子曰吾嘗終日不食終夜不寢以思無益不如學也

2. 다음의 格言에 해당하는 한문을 보기에서 고르시오.

<table>
<tr><td rowspan="5">보기</td><td>ㄱ. 柔弱이 勝剛强이라.</td></tr>
<tr><td>ㄴ. 德不孤라 必有隣이니라.</td></tr>
<tr><td>ㄷ. 不入虎穴이면 不得虎子라.</td></tr>
<tr><td>ㄹ. 富潤屋이요 德潤身이니라.</td></tr>
<tr><td>ㅁ. 破山中賊은 易나 破心中賊은 難이라.</td></tr>
</table>

① 재물은 집을 빛나게 하고, 덕은 몸을 빛나게 한다. (　　)

② 호랑이 굴에 들어가지 않으면 호랑이를 잡을 수 없다. (　　)

③ 산중의 도둑은 물리치기 쉬우나, 마음속의 도둑은 물리치기 어렵다.
　　(　　)

④ 부드럽고 약한 것이 억세고 강한 것을 이긴다. (　　)

⑤ 덕은 외롭지 않고, 반드시 따르는 이웃이 있다. (　　)

3. 한시를 지을 때 경전이나 옛 글귀를 인용하여 자신의 뜻을 드러내는 방법
　을 일컫는 말은? (　　)

　① 모방(模倣)　　② 전고(典故)　　③ 묘사(描寫)　　④ 기록(記錄)

1. 한문 문장은 원래 句讀點도 찍혀 있지 않고, 吐도 없어서 문맥을 파악하기 어렵다. 그래서 글의 뜻을 쉽게 이해하기 위하여 구두점을 이용하거나 어구 아래에 조사나 용언의 활용형으로 된 토를 달아 학습한다.

2. 오늘 배운 격언과 속담에 나오는 漢字를 字典에서 찾아 그 뜻을 알아보자.

3. 격언의 내용을 잘 이해하여 마음에 새기고, 자신의 생활태도를 재정립해 보자.

4. 노자는 水와 같은 자연스러운 태도를 최선의 삶의 자세로 인식하며, 居善地, 心善淵, 與善仁, 言善信, 正善治, 事善能, 動善時 등과 같은 처신의 도리를 제시하고 있다. 이를 근간으로 자신의 생활태도를 생각해보자.

# 四字成語와 故事成語

---

✿ **학습목표** ✿

• 문장의 내용을 제대로 이해하는데 중요한 역할을 하는 고사(故事)의 뜻을 알아보자.

• 실제 문장을 통해 고사(故事)의 내용을 익힌다.

• 고사를 통해 굳어진 고사성어(故事成語)를 살펴본다.

• 나이를 나타내는 한자를 살펴본다.

---

## 1. 四字成語와 故事成語

成語 중에는 두 글자로 만들어진 것(예 : 鷄肋, 杞憂)도 있으나, 대부분이 네 글자로 되어있다. 그러니 "성어=4자성어"라고 생각하는 것도 이상할 게 없다. 특히 옛날 이야기에서 유래된 것이 적지 않은데, 이러한 것은 특별히 "故事成語"라고 한다.

故事는 옛적부터 내려오는 유서 깊은 일이나 그것을 표현한 語句 또는 옛사람들이 만들어 놓은 말로서, 그 뜻이 이미 굳어져 있는 말이다. 따라서 우리가 한문 문장을 독해함에 있어, 그들 고사의 뜻을 모르고서는 그 문장을 정확히 이해할 수 없다.

가령, 우리가 일상생활에서 흔히 쓰고 있는 '矛盾'이라는 말도 '창'과

'방패'라는 뜻으로 알아서는 곤란하다. '말이나 행동이 앞뒤가 서로 일치하지 아니함'을 뜻하는 말로 이해해야 할 것이다. 옛사람들의 시문 속에는 이러한 고사가 섞여 나오는 경우가 많으므로, 이에 대한 바른 이해가 요구된다.

① 過而能悔하며 又不憚改면 則顏子之不貳를 漸可學矣리라. [소학(小學)]
(허물이 있어도 능히 뉘우치며 또 고치기를 꺼리지 않으면, 안자가 허물을 두 번 다시 되풀이하지 않은 것을 점차로 배울 수 있을 것이다.)

② 不出香閨之內하고 常聽鯉庭之箴하라. [금오신화(金鰲神話)]
(규방 안을 나서지 않고 늘 가정의 교훈을 들었다.)

③ 如詩不成이면 罰依金谷酒數하리라. [춘야연도리원서(春夜宴桃李園序)]
(시가 이루어지지 않는다면, 벌은 금곡(金谷)의 술잔 수에 따르리라.)

문장 ①의 '不貳'는 '不貳過'의 '過'가 생략된 것으로 顏淵이 '허물을 두 번 되풀이하지 않았다'고 칭찬한 공자의 말을 모르고서는 해석이 불가능하다.

문장 ②의 '鯉庭'은 막연히 '鯉'와 '庭'의 한자 뜻을 아는 것으로는 해석이 불가능하다. 이는, 공자가 뜰에 서 있을 때 그 앞을 지나가는 그의 아들 鯉에게 詩와 禮를 배울 것을 훈계하였다는 논어의 기록에서 연유하여, 자식이 가정에서 어버이의 가르침을 받음을 뜻하는 말로 쓰이고 있음을 알아야 한다.

또한 문장 ③에서 '金谷酒數'는 중국 晋나라 때 사람인 石崇이 하남성의 金谷園)에서 여러 사람이 모여 꽃놀이를 할 적에 시를 못 짓는 사람은 술 三斗를 먹인다고 한 고사인데, 이 고사의 의미를 모르고서는 문장 ③의 바른 이해는 불가능하다.

이와 같이 고사의 뜻을 이해해야 문장의 내용을 제대로 파악할 수 있기 때문에, 우리는 고사의 이해에 많은 관심을 가져야 할 것이다.

## 1. 矛盾

楚人에 有鬻盾與矛者하여

譽之曰, 「吾盾之堅은 莫能陷也라.」하고,

又譽其矛曰 「吾矛之利는 於物에 無不陷也라.」하니,

或이 曰, 「以子之矛로 陷子之盾이면 何如오.」하니

其人이 弗能應也러라.

[韓非子]

## 2. 守株待兎

宋人에 有耕田者러니

田中에 有株하여 兎走觸株하여

折頸而死하니 因釋其耒하고 而守株하며

冀復得兎나 兎不可復得이요

而身爲宋國笑하니라.

[韓非子]

## 3. 漁父之利

趙且伐燕이어늘 蘇代爲燕하여 謂惠王曰,

「今日에 臣이 過易水할새 蚌이 方出曝而鷸이 啄其肉하니

蚌이 合而箝其喙라.

鷸曰, 今日不雨하고 明日不雨면 卽有死蚌이라하니 蚌이

亦謂鷸曰, 今日不出하고 明日不出이면 卽有死鷸이라하

여 兩者가 不肯相舍하니 漁者가 得而竝擒之라.

今趙且伐燕하여 燕趙久相攻하여 以敝大衆이면 臣은 恐

强秦之爲漁夫也라. 願大王은 熟計之也니이다.」

惠王이 曰, 「善하다」하니라.

[戰國策]

4.

乾坤一擲　　　錦衣夜行

捲土重來　　　四面楚歌

焚書坑儒　　　雨後竹筍

## 1. 고사성어의 의미

### 1) 白眉

劉備의 蜀나라에 文武를 겸비한 馬良이라는 이름난 참모[후에 侍中이 됨]가 있었다. 그는 제갈량[諸葛亮 : 字는 孔明]과 刎頸之交를 맺은 사이로, 한번은 세 치[三寸]의 혀 하나로 남쪽 변방의 흉포한 오랑캐의 한 무리를 모두 부하로 삼는데 성공했을 정도로 德性과 智謀가 뛰어난 인물이었다.

오형제 중 맏이인 마량은 태어날 때부터 눈썹에 흰 털이 섞여 있었다. 그래서 고향 사람들로부터 '白眉'라는 별명을 얻었다. 그들 오형제는 '泣斬馬謖'으로 유명한 마속을 포함하여 모두 재주가 비범했는데 그중에서도 마량이 가장 뛰어났다며 마량을 특히 칭송해 마지않았다. 이때부터 '백미'란 같은 부류의 여럿 중에서 가장 뛰어난 사람이나 물건을 가리키는 말이 되었다.

### 2) 蛇足

戰國時代인 楚나라 懷王 때의 이야기이다. 어떤 인색한 사람이 제사를 지낸 뒤 여러 하인들 앞에 술 한 잔을 내놓으면서 나누어 마시라고 했다. 그러자 한 하인이 이런 제안을 했다.

"여러 사람이 나누어 마신다면 간에 기별도 안 갈 테니, 땅바닥에 뱀을 제일 먼저 그리는 사람이 혼자 다 마시기로 하는 게 어떻겠나?"

"그렇게 하세."

하인들은 모두 찬성하고 제각기 땅바닥에 뱀을 그리기 시작했다. 이윽고 뱀을 다 그린 하인이 술잔을 집어 들고 말했다.

"이 술은 내가 마시게 됐네. 어떤가, 멋진 뱀이지? 발도 있고."

그때 막 뱀을 그린 다른 하인이 재빨리 그 술잔을 빼앗아 단숨에 마셔 버렸다. 그리고 이렇게 말했다.

"세상에 발 달린 뱀이 어디 있나!"

술잔을 빼앗긴 하인은 공연히 쓸데없는 짓을 했다고 후회했지만 소용이 없었다.


### 3) 古稀

唐나라 시인 杜甫의 詩句인 '人生七十古來稀'라는 표현에서 나온 말로, 일흔 살의 나이를 말함.


### 4) 刻舟求劍

戰國時代, 楚나라의 한 젊은이가 揚子江을 건너기 위해 배를 탔다. 배가 강 한복판에 이르렀을 때 그만 실수하여 손에 들고 있던 칼을 강물에 떨어뜨리고 말았다.

'아뿔사! 이를 어쩐다?'

젊은이는 허둥지둥 허리춤에서 단검을 빼 들고 칼을 떨어뜨린 그 뱃전에다 표시를 했다. 이윽고 배가 나루터에 닿자 그는 곧 옷을 벗어

던지고 표시를 한 뱃전 밑의 강물 속으로 뛰어들었다. 그러나 칼이 그 밑에 있을 리가 없었다.


## 5) 塞翁之馬

옛날 중국 북방의 要塞 근처에 점을 잘 치는 한 老翁이 살고 있었는데 어느 날, 이 노옹의 말[馬]이 오랑캐 땅으로 달아났다. 마을 사람들이 이를 위로하자 노옹은 조금도 애석한 기색 없이 태연하게 말했다.

"누가 아오? 이 일이 복이 될는지."

몇 달이 지난 어느 날, 그 말이 오랑캐의 駿馬를 데리고 돌아왔다. 마을 사람들이 이를 치하하자 노옹은 조금도 기쁜 기색 없이 태연하게 말했다.

"누가 아오? 이 일이 화가 될는지."

그런데 어느 날, 말타기를 좋아하는 노옹의 아들이 그 오랑캐의 준마를 타다가 떨어져 다리가 부러졌다. 마을 사람들이 이를 위로하자 노옹은 조금도 슬픈 기색 없이 태연하게 말했다.

"누가 아오? 이 일이 복이 될는지."

그로부터 1년이 지난 어느 날, 오랑캐가 대거 침입해 오자 마을 장정들은 이를 맞아 싸우다가 모두 戰死 했다. 그러나 노옹의 아들만은 장애가 생긴 다리 덕분에 무사했다고 한다.


## 6) 竹馬故友

진(晉 : 東晉)나라 12대 황제인 簡文帝(371~372) 때의 일이다. 蜀 땅을 평정하고 돌아온 桓溫의 세력이 날로 커지자 간문제는 환온을 견

제하기위해 殷浩라는 隱士를 建武將軍 揚州刺史에 임명했다. 그는 환
온의 어릴 때 친구로서 학식과 재능이 뛰어난 인재였다. 은호가 벼슬길
에 나아가는 그날부터 두 사람은 정적이 되어 反目했다. 王羲之가 화해
시키려고 했으나 은호가 듣지 않았다.

그 무렵, 五胡十六國 중 하나인 後趙의 왕 石季龍이 죽고 胡族 사
이에 내분이 일어나자 진나라에서는 이 기회에 중원 땅을 회복하기
위해 은호를 중원장군에 임명했다. 은호는 군사를 이끌고 출병했으나
도중에 말에서 떨어지는 바람에 제대로 싸우지도 못하고 결국 대패하
고 돌아왔다. 환온은 기다렸다는 듯이 은호를 규탄하는 上疏를 올려
그를 변방으로 귀양 보내고 말았다. 그리고 환온은 사람들에게 이렇
게 말했다.

"은호는 나와 '어릴 때 같이 죽마를 타고 놀던 친구[竹馬故友]'였지만
내가 죽마를 버리면 은호가 늘 가져가곤 했지. 그러니 그가 내 밑에서
머리를 숙여야 하는 것은 당연한 일이 아닌가."

환온이 끝까지 용서해 주지 않음으로 해서 은호는 결국 변방의 귀양
지에서 생애를 마쳤다고 한다.


### 7) 管鮑之交

춘추시대 초엽, 齊나라에 관중(?~B.C. 645)과 포숙아라는 두 관리
가 있었다. 이들은 竹馬故友로 둘도 없는 친구사이였다. 관중이 公子
糾의 측근(보좌관)으로, 포숙아가 규의 이복동생인 小白의 측근으로
있을 때 공자의 아버지 襄公이 사촌 동생 公孫無智에게 시해되자(B.C.
686) 관중과 포숙아는 각각 공자와 함께 이웃 魯나라와 莒나라로 망명

했다.

이듬해 공손무지가 살해되자 두 공자는 君位를 다투어 귀국을 서둘렀고 관중과 포숙아는 본의 아니게 정적이 되었다. 관중은 한때 소백을 암살하려 했으나 그가 먼저 귀국하여 桓公(B.C. 686~643)이라 일컫고 노나라에 공자 규의 처형과 아울러 관중의 押送을 요구했다. 환공이 압송된 관중을 죽이려 하자 포숙아는 이렇게 진언했다.

"전하, 제나라 하나만 다스리는 것으로 만족하신다면 臣으로도 충분할 것이옵니다. 하오나 천하의 覇者가 되시려면 관중을 기용하시오소서."

도량이 넓고 식견이 높은 환공은 신뢰하는 포숙아의 진언을 받아들여 관중을 大夫로 중용하고 정사를 맡겼다.

이윽고 재상이 된 관중은 과연 대정치가다운 수완을 유감없이 발휘하여 마침내 환공으로 하여금 春秋의 첫 패자로 군림케 했다.

이 같은 정치적인 성공은 환공의 관용과 관중의 재능이 한데 어우러진 결과이긴 하지만 그 출발점은 역시 관중에 대한 포숙아의 변함없는 우정에 있었다. 그래서 관중은 훗날 포숙아에 대한 감사의 마음을 이렇게 술회였다.

"나는 젊어서 포숙아와 장사를 할 때 늘 이익금을 내가 더 많이 차지했었으나 그는 나를 욕심쟁이라고 말하지 않았다. 내가 가난하다는 걸 알고 있었기 때문이다. 또 그를 위해 한 사업이 실패하여 그를 궁지에 빠뜨린 일이 있었지만 나를 용렬하다고 여기지 않았다. 일에는 成敗가 있다는 걸 알고 있었기 때문이다. 나는 또 벼슬길에 나갔다가는 물러나곤 했었지만 나를 무능하다고 말하지 않았다. 내게 운이 따르고 있지 않다는 것을 알고 있었기 때문이다. 어디 그뿐인가. 나는 싸움터에서도 도망친 적인 한두 번이 아니었지만 나를 겁쟁이라고 말하지 않았다. 내게 老母가 계시다는 걸 알고 있었기 때문이다.

아무튼 '나를 낳아준 분은 부모이지만 나를 알아준 사람은 포숙아이다[生我者父母 知我者鮑叔也)].'"

## 8) 刎頸之交

전국시대, 趙나라 惠文王의 신하 繆賢의 식객에 藺相如라는 사람이 있었다. 그는 秦나라 昭襄王에게 빼앗길 뻔했던 천하 名玉인 和氏之璧을 원상대로 가지고 돌아온 공으로 일약 上大夫에 임명되었다.

그리고 3년 후(B.C. 280), 澠池라는 곳에서 인상여는 혜문왕을 욕보이려는 소양왕을 가로막고 나서서 오히려 그에게 망신을 주었다. 인상여는 그 공으로 從一品의 上卿에 올랐다.

그리하여 인상여의 지위는 조나라의 명장으로 유명한 廉頗보다 더 높아졌다. 그러자 염파는 분개하여 이렇게 말했다.

"나는 싸움터를 누비며 城을 쳐 빼앗고 들에서 적을 무찔러 공을 세웠다. 그런데 입 밖에 놀린 것이 없는 인상여 따위가 나보다 윗자리에 앉다니……. 내 어찌 그런 놈 밑에 있을 수 있겠는가. 언제든 그 놈을 만나면 망신을 주고 말 테다."

이 말을 전해들은 인상여는 염파를 피했다. 그는 병을 핑계대고 조정에도 나가지 않았으며, 길에서도 저 멀리 염파가 보이면 옆길로 돌아가곤 했다. 이 같은 인상여의 비겁한 행동에 실망한 부하가 작별인사를 하러 왔다. 그러자 인상여는 그를 만류하며 이렇게 말했다.

"자네는 염파 장군과 진나라 소양왕과 어느 쪽이 더 무섭다고 생각하는가?”

“그야 물론 소양왕이지요.”

“나는 그 소양왕도 두려워하지 않고 많은 신하들 앞에서 혼내 준 사람이야. 그런 내가 어찌 염파 장군을 두려워하겠는가? 생각해 보면 알겠지만 강국인 진나라가 쳐들어오지 않는 것은 염파장군과 내가 버티고 있기 때문일세. 이 두 호랑이가 싸우면 결국 모두 죽게 돼. 그래서 나라의 위기를 생각하고 염파 장군을 피하는 거야.”

이 말을 전해들은 염파는 부끄러워 몸 둘 바를 몰랐다. 그는 곧 ‘웃통을 벗은 다음 笞刑에 쓰이는 荊杖을 짊어지고[肉袒負荊: 사죄의 뜻을 나타내는 행위]’ 인상여를 찾아가 섬돌 아래 무릎을 꿇었다.

“내가 미욱해서 대감의 높은 뜻을 미처 헤아리지 못했소. 어서 나에게 벌을 주시오.”

염파는 진심으로 사죄했다. 그날부터 두 사람은 ‘문경지교’를 맺었다고 한다.


## 2. 나이를 나타내는 한자

| 명칭 | 나이 | 유래 | 출전 |
|---|---|---|---|
| 유학(幼學) | 10세까지 | | |
| 충년(沖年) | 10세 안팎 | | |
| 지학(志學) | 15세 | 十有五而志于學(열다섯에 학문에 뜻을 두었다) | 논어 |
| 계년(笄年) | 여자 15세 | 비녀를 꽂을 나이 | |
| 방년(芳年) | 여자 20세쯤 | 꽃다운 나이라 해서 붙임 | |

| 명칭 | 나이 | 유래 | 출전 |
| --- | --- | --- | --- |
| 약관(弱冠) | 남자 20세쯤 | 갓을 쓰기에 약한 듯하다 | 예기 |
| 이립(而立) | 30세 | 서른에 자립하다 | 논어 |
| 이모년(二毛年) | 32세 | 두 종류의 머리카락, 즉 흰머리가나기 시작하는 때라는 의미 | |
| 불혹(不惑) | 40세 | 마흔에 미혹되지 않았다 | 논어 |
| 상년(桑年) | 48세 | 속자에는 又 대신 十을 썼으므로, 十 4개, 八 1개가 있다고 해서 48세라 함 | |
| 지천명(知天命) | 50세 | 쉰에 천명을 알았다 | 논어 |
| 이순(耳順) | 60세 | 예순에 모든 일을 들으면 순리대로 이해하게 되었다 | 논어 |
| 환갑(還甲) | 61세 | 60갑자가 다시 돌아오는 해 | |
| 진갑(進甲) | 62세 | 새로운 갑자로 나아가는 해 | |
| 고희(古稀) | 70세 | 인생 70은 예로부터 드문 법 | 두보 |
| 종심(從心) | 70세 | 從心所欲不踰矩(일흔에 마음대로 행하여도 법도에 어긋나지 않는다). | 논어 |
| 희수(喜壽) | 77세 | 희(喜)를 초서로 쓰면 七十七 | |
| 산수(傘壽) | 80세 | 傘을 약자로 八十으로 썼다 | |
| 팔질(八耊) | 80세 | 老+至=耊, 늙음이 온 나이 | |
| 망구(望九) | 81세 | 아흔을 바라보는 나이 | |
| 미수(米壽) | 88세 | 米를 나누면 八十八이 된다 | |
| 졸수(卒壽) | 90세 | 卒을 초서로 쓰면 九十이 된다 | |
| 망백(望百) | 91세 | 백살을 바라보는 나이 | |
| 백수(白壽) | 99세 | 百에서 一을 빼면 白이 됨 | |
| 기이(期頤) | 100세 | 사람의 수명을 백살로 기약하므로 期라 함. 頤는 양로(養老)라는 뜻으로 다른 사람의 보호를 받는다는 뜻. | |

1. 다음의 해석에 합당한 故事를 보기에서 찾으시오.

① 말이나 행동에 있어서 앞뒤가 서로 일치하지 않음 (　　)

② 여럿 가운데서 가장 뛰어난 사람이나 물건 (　　)

③ 쓸데없는 군일을 하다가 도리어 낭패를 보게 됨을 비유 (　　)

④ 인간의 나이 70세를 말함 (　　)

⑤ 사람이 미련해서 융통성이 없음을 비유한 말 (　　)

⑥ 인생의 길흉화복(吉凶禍福)이란 항시 바뀌어 예측할 수 없는 것이라는 말 (　　)

| 보기 | ㄱ. 사족(蛇足)　　ㄴ. 모순(矛盾)　　ㄷ. 새옹지마(塞翁之馬) |
| --- | --- |
| | ㄹ. 각주구검(刻舟求劍)　　ㅁ. 고희(古稀)　　ㅂ. 백미(白眉) |

2. 다음의 뜻에 해당하는 故事成語를 보기에서 고르시오.

① 어렸을 때부터 사귄 오랜 친구 (　　)

② 둘이 서로 다투는 사이에 다른 사람이 이득을 챙김 (　　)

③ 관중과 포숙아의 사이처럼 절친한 친구 사이를 뜻하는 말 (　　)

④ 옛것을 버리지 못하여 변통할 줄 모르는 어리석음을 뜻함 (　　)

⑤ 목숨을 내놓아도 아깝지 않을 정도의 우정 (　　)

| 보기 | ㄱ. 문경지교(刎頸之交) | ㄴ. 수주대토(守株待兎) |
| --- | --- | --- |
| | ㄷ. 죽마고우(竹馬故友) | ㄹ. 관포지교(管鮑之交) |
| | ㅁ. 어부지리(漁父之利) | |

3. 다음의 설명에 해당하는 故事成語를 보기에서 고르시오.

① 학자나 학문이 정치적 박해 또는 탄압을 받음을 비유 (　　)

② 비가 온 뒤에 죽순이 돋아나듯, 어떤 일이 일시에 많이 일어남을 비유
(　　)

③ 출세하였으나 고향에 돌아가지 않는다는 뜻으로 아무 보람 없는 행동
을 비유 (　　)

④ 운명과 흥망을 걸고 한 판 승부나 성패를 겨룸 (　　)

⑤ 한번 실패한 사람이 세력을 회복해서 다시 도전한다는 말 (　　)

⑥ 사방 빈틈없이 적에게 포위된 고립무원(孤立無援)의 상태 (　　)

| 보기 | ㄱ. 건곤일척(乾坤一擲) | ㄴ. 금의야행(錦衣夜行) |
|---|---|---|
| | ㄷ. 권토중래(捲土重來) | ㄹ. 사면초가(四面楚歌) |
| | ㅁ. 분서갱유(焚書坑儒) | ㅂ. 우후죽순(雨後竹筍) |

4. 다음의 한문을 읽고 해석해 봅시다.

① 冀復得兎나 兎不可復得이요 而身爲宋國笑하니라.

② 臣은 恐强秦之爲漁夫也라

5. 다음 중에서 "나이 70"세를 지칭하는 말은? (　　)

① 弱冠　　② 不惑　　③ 知天命　　④ 耳順　　⑤ 古稀

6. "弱冠"은 몇 살에 이르는 남자를 일컫는 말인가? (　　)

① 10세　　② 20세　　③ 30세　　④ 40세

1. 故事는 옛적부터 내려오는 유서 깊은 일이나 그것을 표현한 語句 또는 옛사람들이 만들어 놓은 말로서, 그 뜻이 이미 굳어져 있는 말이다.

2. 고사성어를 이룬 원문을 읽혀 그 의미를 새겨보자.

3. 친구와 관련된 고사성어에는 刎頸之交, 管鮑之交, 竹馬故友 등이 있다.

제9강

## 說話의 世界

❀ 학습목표 ❀

• 설화(說話)의 개념을 살펴본다.
• 단군신화(檀君神話)의 내용을 읽고, 의미를 이해해 본다.
• 가족의 호칭과 옛 선인들의 '아내'에 대한 사고를 살펴본다.


## 1. 說話

설화란 일정한 구조를 가지면서 흥미와 교훈을 위해 사실적으로 꾸며낸 이야기를 말한다. 그렇기 때문에 일상적인 신변잡담이나 말로 전하는 역사적 사실 등은 설화의 범주에 들어가지 않는다. 설화는 구전됨으로써 그 존재를 유지해가는데, 설화의 구전은 일정한 몸짓이나 창곡(唱曲)과는 관계없이 보통의 말로 이루어지며 이야기의 구조에 힘입어 전승된다. 즉, 화자는 이야기의 세세한 부분을 그대로 기억하여 고스란히 그것을 전승하는 것이 아니라 그 이야기의 핵심되는 구조를 기억하고 이것에 화자(話者) 나름의 수식을 덧붙여서 전승하는 것이다. 그렇기 때문에 설화는 구전에 적합하게 단순하면서도 잘 짜인 구조를 지니며, 표현 역시 복잡하지 않다. 이 점이 구조와 표현에 있어서 복잡성과 특수성을 가지고 있는 소설과 다르다.

설화는 율격을 가지지 않고 보통의 말로써 구연되기 때문에 산문적 속성을 지닌다. 이 점에서 서사민요, 서사무가, 판소리 등과 같은 율문 서사장르들과 구분된다. 설화는 이야기를 하고 들은 분위기가 조성되면 언제든지 구연될 수 있는데, 이 점에서 어느 일정한 기회에 구연하는 노동요, 무가, 가면극과 다르다. 설화는 반드시 화자와 청자의 관계에서 화자가 청자를 대면해서 청자의 반응을 의식하면서 구연된다. 일반적으로 화자와 청자의 신분은 민중이라고 일컫고 있으나 꼭 그런 것만은 아니다. 설화 중에는 양반이나 지식인 사이에서 발생하여 전승되는 것들도 제법 많이 있다.

설화가 문자로 정착될 수 있는 기회를 많이 가진 것도 양반이나 지식인의 참여가 있었기 때문에 가능했을 것이다. 문헌설화는 이미 구전을 벗어나고 가변성이 제거되어 엄밀하게 따지면 이미 설화가 아니나, 문자로 정착되기 전에는 구비전승되었을 것이고, 설화로서의 구조와 표현이 의식적으로 바뀌지 않았다면 설화의 범주에 포함시킬 수 있을 것이다. 설화라는 용어 대신에 고담(古談), 석화(昔化), 민담(民譚) 등을 쓰기도 하나, 고담과 석화에는 그 용어 자체에 시간적인 제약이 내포되어 있다는 점에서, 민담은 설화의 하위분류 가운데 하나인 민담과 혼동될 수 있다는 점에서 설화의 대치어로 부적당하다.

설화는 시대와 장소, 학자에 따라 분류하는 방법이 다양하지만 보통 신화(神話), 전설(傳說), 민담(民譚)으로 나누고 있다. 그러나 이 셋 사이에 분명한 경계가 있는 것은 아니며, 서로 넘나들기도 하고 상호호전되기도 한다. 그 대체적인 차이를 보면 몇 가지로 구분된다. 그 일부를 보면 다음과 같다.

첫째 전승자의 태도이다. 신화의 전승자는 신화를 진실되고 신성한 것으로 인식하고 있다. 신화의 세계는 일상적 경험 이전에 또는 일상적 합리성을 넘어서서 존재한다고 믿고 그 진실성과 신성성을 의심하지 않을 때 신화는 신화로서의 생명을 갖는다. 전설은 전승자가 신성하다고까지는 생각하지 않으나 진실하다고 믿고 실제로 있었다고 주장하는 이야기이다. 전설의 세계는 일상적 경험을 떠나 따로 존재하지 않으며, 그렇기 때문에 전설의 진실성은 끊임없이 의심된다. '사실이 아니고 전설일 따름이다.'라는 말이 가능하나, 전설은 사실로서의 근거를 전적으로 부인할 수 없도록 되어 있는데, 증거물이 이를 입증한다. 민담의 전승자는 민담이 신성하다고 생각하지 않으며, 진실되다고 믿지도 않는다. "옛날 옛적 호랑이 담배 먹을 적에…"라고 시작할 때부터 민담은 사실이 아니고 꾸며낸 이야기임을 화자는 선언한다. 신성한 무엇을 나타내기 위해서도 아니고, 사실의 전달을 위해서도 아니고 오직 흥미를 주기 위해서 민담은 구연된다.

둘째, 시간과 장소이다. 신화는 아득한 옛날, 일상적인 경험으로 측정할 수 있는 범위를 넘어선 태초에 일어난 일이고, 특별한 신성장소를 무대로 삼는 것이 보통이다. 단군신화의 태백산, 아사달은 신성장소의 좋은 예이다. 신화의 진실성과 신성성은 그러한 시간과 장소가 갖는 진실성이고 신성성이기도 한 것이다. 전설은 구체적으로 제한된 시간과 장소를 갖는다. "이조 숙종대왕시절 서울 남산골에……"라고 시작되는 것이 전형적인 예이다. 구체적인 시간과 장소는 전설이 가지는 진실성을 뒷받침해주는 구실을 한다. 민담에는 뚜렷한 시간과 장소가 없는 것이 보통이다. "옛날 옛적 어느 곳에……"라고 하는데, '옛날 옛적'은 신화의 경우처럼 태초라는 뜻이 아니라 서사적인 과거일 뿐이고, '어느 곳'은 화자가 이야기하는 곳이 아닌 다른 곳이라는 뜻이다. '옛날 옛적', '어느 곳'으로 화자나 청자의 직접적인 경험과는 구별되는 작품세계를 자유로이 이룩할 단서가 마련된다.

셋째는 증거물이다. 신화의 증거물은 매우 포괄적이다. 천지창조신화에서는 천지가 바로 증거물이고, 국가창건신화에서는 국가가 바로 증거물이다. 전설은 이와 달리 특정의 개별적 증거물을 가진다. 바위에 관한 전설은 일반 바위를 증거물로 삼을 수는 없고, 어느 곳에 있는 어떤 모양의 바위만이 증거물일 수 있다. 그리고 이 바위는 다른 바위와 구별될 수 있는 특징을 지니기에 화자가 늘 주목해왔거나 쉽사리 찾아낼 수 있는 것이라야 하고, 그 생김새는 누구나 기이하게 생각하는 것일수록 유리하다. 전설의 증거물은 자연물인 경우도 있고, 인공적인 경우도 있고, 인물인 경우도 있는데, 어느 것이나 전설을 떠나서도 알려질 수 있는 것이라야 한다. 전설은 이러한 증거물을 가짐으로써 이미 알려진 근거에 호소해 진실성을 인정받고자 하는 것이라기보다는 오히려 증거물에서부터 출발하여 그 유래나 특징을 이야기로 꾸며낸 것이며, 증거물이 실재하니 이야기 역시 실제로 있었다고 주장할 수 있어야 꾸며낸 의의가 있다. 증거물을 상실한 전설은 전승이 중지되거나 민담으로 전환된다. 민담은 이야기가 그 자체로 완결되며 증거물에 호소할 필요가 없다. 더러 증거물을 갖는다 해도 널리 존재할 수 있는 현상, 예를 들면 수숫대가 빨갛다든가, 수탉이 하늘을 보고 운다는 것 등이고 이야기의 흥미를 돋우기 위해 첨부된다.

넷째, 주인공 및 그 행위이다. 신화의 주인공은 신이며, 그의 행위는 신이 지닌 능력의 발휘이다. 여기서 말하는 신은 보통사람보다 탁월한

능력을 가진 신성한 자라는 뜻이지, 인간과 구별되는 절대적 존재라는 뜻은 아니다. 전설의 주인공은 구체적, 역사적 인물로서, 그의 행위는 인간과 인간 또는 인간과 사물 사이에서 일어나는 예기치 않던 관계가 대부분이다. 따라서 전설의 주인공은 신화나 민담의 주인공보다 왜소하며, 예기치 못했던 관계를 성공적으로 극복하지 못하는 경우가 많다. 때로는 인간보다 사물이 중심이 된 전설도 있다. 민담의 주인공은 일상적인 인간이다. 비록 초인적인 능력을 가진 인물이라 하더라도 그의 심리상태는 일상적인 차원에서 멀리 벗어나지 않는다. 민담은 주인공에게 관심이 집중되어 있어서 타인과 부딪쳐도 타인은 중요하지 않으며, 난관에 봉착하여도 결국은 이를 극복하고 만다. 그의 행위는 운명을 개척해 나가는 것이다.

신화, 전설, 민담의 차이점을 항목별로 나누어 살펴보았다. 그러나 설화 가운데에는 신화, 전설, 민담 중 두 가지 이상에 관련되는 것도 있다는 것을 알 수 있다.

본 장에서 가장 중요한 것은 설화가 갖는 의의이다. 설화는 인류의 지혜와 정감이 농축된 형식과 내용을 가지고 오랜 세월 동안 지속성과 변화를 수반하면서 전승된 구비문학임을 알아야 한다.

## 1. 檀君

昔에 有桓因庶子桓雄이 數意天下하여 貪求人世어늘 父知子意하여  下視三危太伯하니  可以弘益人間이라, 乃授天符印三箇하여 遣往理之하니라.

時有一熊一虎가 同穴而居러니 常祈于神雄하여 願化爲人이어늘 時에 神이 遺靈艾一炷와 蒜二十枚曰,「爾輩食之하고 不見日光百日이면 便得人形하리라.」하니 熊虎得而食之하여 忌三七日에 熊得女身이나 虎不能忌而不得人身하니라.

熊女者無與爲婚이라, 故로 每於壇樹下에 呪願有孕이어늘

雄이 乃假化而婚之하여 孕生子하니 號曰 檀君王儉이라.

[三國遺事]

## 2. 溫達

高句麗常以春三月三日로 會獵樂浪之丘하여 以所獲猪鹿으로 祭天及山川神이러니 至其日하여 王이 出獵할새 群臣及五部兵士가 皆從하니라.

於是에 溫達이 以所養之馬로 隨行하되 其馳騁이 常在前하고 所獲이 亦多하여 他無若者일새 王이 召來하여 問姓名하고 驚且異之러라. 時에 後周武帝가 出師伐遼東이라. 王이 領軍하여 逆戰於拜山之野할새 溫達이 爲先鋒하여 疾鬪하여 斬數十餘級이라. 諸軍이 乘勝奮擊하여 大克하니라. 及論功에 無不以溫達爲第一이라. 王이 嘉歎之曰, 「是吾女壻也라.」하고, 備禮迎之하여 賜爵爲大兄하니 由此로 寵榮尤渥하고 威權日盛이러라.

[三國史記]

## 1. 糟糠之妻와 七去至惡

### 1) 조강지처

後漢 光武帝 때의 일이다. 당시 監察을 맡아보던 大司空(御史大夫) 宋弘은 온후한 사람이었으나 美人圖의 병풍을 치고 비속한 음악을 듣는 광무제를 서슴없이 간할 정도로 강직한 인물이기도 했다.

어느 날, 광무제는 未亡人이 된 누나인 湖陽公主를 불러 신하 중 누구를 마음에 두고 있는지 그 의중을 떠보았다. 그 결과 호양 공주는 당당한 풍채와 덕성을 지닌 송홍에게 호감을 갖고 있다는 것을 알았다. 그 후 광무제는 호양공주를 병풍 뒤에 앉혀놓고 송홍과 이런저런 이야기를 나누던 끝에 이런 질문을 했다.

"흔히들 고귀해지면 (천할 때의) 친구를 바꾸고, 부유해지면 (가난할 때의) 아내를 버린다고 하던데 人之常情 아니겠소?"

그러자 송홍은 이렇게 대답했다.

"폐하, 황공하오나 신은 '가난하고 천할 때의 친구는 잊지 말아야 하며[빈천지교불가망(貧賤之交不可忘)], 술재강과 겨로 끼니를 이을 만큼 구차할 때 함께 고생하던 아내는 버리지 말아야 한다[조강지처불하당(糟糠之妻不下堂)]'고 들었사온데 이것은 사람의 도리라고 생각되나이다."

이 말을 들은 광무제와 호양 공주는 크게 실망했다고 한다.


## 2) 칠거지악

옛날 모든 制度나 慣習은 여자에게 不利하게 되어 있었다. 그 代表的인 것으로 七去之惡을 들 수 있다. 一名 '七出' 또는 '七去'라고도 하는 이것은 지금 말로 하면 合法的인 離婚事由가 되는 셈이다.

칠거지악의 내용은 '시부모를 잘 섬기지 않는 것[不順父母]', '무자식[無子]', '不貞', '嫉妬', '못된 병[惡疾)]', '수다[多言]', '훔치는 것[竊盜]'을 말한다.

하지만 아내를 함부로 내쫓지 못하는 예외 조항인 이른바 '三不去'도 있다. 첫째, 돌아갈 親庭이 없을 때, 둘째, 아내가 부모의 三年喪을 치렀을 때, 셋째, 집안을 일으켰을 때 등이다. 여기서 看過해서는 안 될 것이 있다. 비록 男性上位時代였지만 家族制度의 기본이 되는 夫婦關係는 여전히 重視되었다는 점이다. 따라서 까닭 없이 離婚을 하는 자에게는 笞刑 80대를 쳤으며 三不去에도 불구하고 이혼을 強行하는 자에게도 비슷한 罰을 내렸다.

## 2. 家族의 呼稱

자신의 부모를 다른 사람에게 말할 때, 다른 사람의 부모를 지칭할 때의 호칭을 알아두자.

| 구분 | 자 기 | | 타 인 | |
|---|---|---|---|---|
| | 산 사람 | 죽은 사람 | 산 사람 | 죽은 사람 |
| 아버지 | 가친(家親)<br>엄친(嚴親)<br>부주(父主) | 선친(先親)<br>선고(先考)<br>선부군(先父君) | 춘부장(春府丈)<br>춘당(春堂)<br>존당(尊堂)<br>대인(大人) | 선대인(先大人)<br>선고장(先考丈)<br>선장(先丈) |
| 어머니 | 자친(慈親)<br>모주(母主)<br>가자(家慈) | 선비(先妣)<br>선자(先慈) | 자당(慈堂)<br>대부인(大夫人)<br>북당(北堂)<br>훤당(萱堂) | 선부인(先夫人)<br>선대부인(先大夫人) |
| 할아버지 | 조부(祖父)<br>왕부(王父) | 조고(祖考)<br>왕고(王考) | 왕존장(王尊丈)<br>왕대인(王大人) | 선조부장<br>(先祖父丈)<br>선왕고장<br>(先王考丈) |
| 할머니 | 조모(祖母)<br>왕모(王母) | 조비(祖妣) | 왕대부인(王大夫人)<br>존조모(尊祖母) | 선왕대부인<br>(先王大夫人)<br>선조비(先祖妣) |
| 아들 | 가아(家兒)<br>가돈(家豚)<br>돈아(豚兒)<br>미돈(迷豚) | 망아(亡兒) | 영랑(令郎)<br>영식(令息) | |
| 딸 | 여식(女息)<br>가교(家嬌) | | 영애(令愛)<br>영교(令嬌)<br>영양(令孃) | |
| 손자 | 손자(孫子)<br>손아(孫兒) | | 영포(令抱)<br>영손(令孫) | |

3. 본인·부모·형제·조부모·외조부모의 이름, 집 주소,
   본적, 학교, 학과, 학교 주소 등을 한자로 쓰기

## 1) 한국의 지명

| | | |
|---|---|---|
| 부산 – 釜山 | 대구 – 大邱 | 대전 – 大田 |
| 인천 – 仁川 | 광주 – 光州 | 울산 – 蔚山 |
| 경기도 – 京畿道 | 강원도 – 江原道 | 제주도 – 濟州道 |
| 충청북도 – 忠淸北道 | 충청남도 – 忠淸南道 | 전라북도 – 全羅北道 |
| 전라남도 – 全羅南道 | 경상북도 – 慶尙北道 | 경상남도 – 慶尙南道 |

## 2) 대학의 학과 명칭

| | |
|---|---|
| 경상대학 – 經商大學 | 공과대학 – 工科大學 |
| 법과대학 – 法科大學 | 사범대학 – 師範大學 |
| 사회과학대학 – 社會科學大學 | 상과대학 – 商科大學 |
| 예술대학 – 藝術大學 | 의과대학 – 醫科大學 |
| 인문사회과학대학 – 人文社會科學大學 | 인문대학 – 人文大學 |
| 자연과학대학 – 自然科學大學 | 치과대학 – 齒科大學 |

기계·자동화시스템 계열 – 機械·自動化시스템系列

| | |
|---|---|
| 전기전자계열 – 電氣電子系列 | 정보통신계열 – 情報通信系列 |
| 사회경영계열 – 社會經營系列 | 간호학과 – 看護學科 |
| 건축설비과 – 建築設備科 | 경영정보과 – 經營情報科 |
| 국악학과 – 國樂學科 | 국제관계학과 – 國際關係學科 |
| 미술학과 – 美術學科 | 사회복지학과 – 社會福祉學科 |

산업디자인학과 - 産業디자인學科     생명공학과 - 生命工學科
식품가공조리과 - 食品加工調理科     식품영양학과 - 食品營養學科
전자계산과 - 電子計算科            정보전자과 - 情報電子科

1. 단군 신화에 나오는 '널리 사람을 이롭게 한다'는 뜻의 4자성어(四字成語)를 한자(漢字)로 써 보시오.

2. 다음의 문장을 읽고 해석해보자.

   ① 下視三危太伯하니 可以弘益人間이라.

   ② 爾輩食之하고 不見日光百日이면 便得人形하리라.

3. 온달(溫達)이 후주(後周)의 군사를 물리치고 왕으로부터 부여받은 벼슬은 무엇인가?　(　　)

   ① 대형(大兄)　　② 막리지(莫離支)　　③ 대대로(大對盧)

4. 남에게 살아 계신 자기 아버지를 일컫는 말은?　(　　)

   ① 春堂　　② 家親　　③ 先親　　④ 春府丈

5. 돌아가신 남의 아버지에 대한 호칭으로 알맞은 것은?　(　　)

   ① 先親　　② 春堂　　③ 先考丈　　④ 大夫人　　⑤ 先妣

6. 본인의 이름과 부모, 조부모, 외조부모, 형제의 성명을 한자로 써보자.

7. 본인이 살고 있는 현 주소, 본적, 학교 주소, 학교 명, 학과 명을 한자로 써 보자.

1. 설화란 일정한 구조를 가지면서 흥미와 교훈을 위해 사실적으로 꾸며낸 이야기를 말한다. 설화의 하위 범주는 신화, 전설, 민담 등이다. 설화는 인류의 지혜와 정감이 농축된 형식과 내용을 가지고 전승되는 것이므로 꼭 알아두어야 한다.

2. 단군신화와 온달설화를 통해 우리가 알 수 있는 것이 무엇인지 생각해보자.

3. 본인의 가족을 가리키는 말과 타인의 가족을 가리키는 말, 산 사람과 죽은 사람을 가리키는 말이 다르다는 것을 알고 정확하게 사용해야 한다.

4. 다음 단어의 의미를 다시 생각해 보자.

① 糟糠之妻 : 술지게미와 겨로 끼니를 이을 만큼 구차할 때 함께 고생한 아내

② 七去之惡 : 아내를 내쫓을 수 있는 일곱 가지 이유

ㄱ) 不順父母 : 시부모에게 순종하지 않는 것

ㄴ) 無子 : 자식을 못 낳는 것

ㄷ) 不貞 : 행실이 바르지 못함

ㄹ) 嫉妬 : 시기하고 질투하는 것

ㅁ) 惡疾 : 나쁜 병이 있는 것

ㅂ) 多言 : 말이 많고 수다스러운 것

ㅅ) 竊盜 : 도둑질 하는 것

제10강
# 歲時風俗과 生活



## 1. 歲時風俗

음력 정월부터 섣달까지 같은 시기에 반복되는 주기전승의례인 세시풍속은 時季性과 週期性, 그리고 循環性을 기본적인 성격으로 하고 있다.

원래 세시라는 말은 歲와 時의 합성어로서 해는 일 년, 또는 四時·時節·節侯를 비롯하여, 설·새해·연중의 각 명절이라는 뜻을 지니고 있다. 또한 세시는 無時란 말과 대조적인 개념이 된다. 무시란 無常時의 준말로서 일정한 때가 없는 수시, 또는 명절이 아닌 날을 일컫는다. 따라서 세시는 무시가 아닌 각별한 날, 곧 명절인 것이다.

명절은 한자로 이름 명(名), 마디 절(節)로 이름 있는 마디란 뜻을 갖고 있다. 곧 계절에 따른 이름 있는 마디란 말이다. 세시풍속은 세시명절 또는 그에 버금하는 시기에 행해지는데 사실상 세시라는 말이 명절의 뜻을 지니고 있어 '세시명절'이라 하면 '명절'이란 말이 중복된다. 이처럼 세시란 말은 다양하게 쓰이지만 그 주된 뜻은 節日, 즉 명절로 통용되며 또한 세시풍속이란 뜻으로도 사용된다.

세시풍속은 농경문화와 밀접하게 관련되어 있어 농경의례의 성격을 내포한다. 전통사회에서 세시풍속은 농사의 개시·파종·제초·수확·저장 등 농경주기와 관련될 뿐 아니라 일상생활의 주기와도 무관하지 않았다. 세시풍속이 행해지는 세시명절, 또는 그에 버금하는 날이면 놀이를 하거나 휴식을 취하며 각별하게 보냈다. 이는 바로 생활의 마디로서 긴장에서 이완을 하는 때였으며, 다음 일을 위한 재충전의 기회이기도 했다. 그래서 세시풍속은 일 년을 계절적으로 나누어 계절의 고비마다 쇠퇴하고 약화된 우주의 생성력을 촉진하고 인간의 생존력에 활력을 불어넣어주는 통과의례적인 의미도 지닌 계절의례이다.

세시풍속은 告祀·점복·예조·금기·무속·부적 등의 민간신앙을 비롯하여, 음식·복식·놀이·예술·농경생활 등에 이르기까지, 개별적인 사실들이 복합된 종합성을 띤 문화현상이다. 특히 민간신앙과 민속놀이 및 예능과는 밀접하게 관련되어 있다. 민속놀이는 워낙 다양하여 세시풍속의 일환으로 행해지는 놀이를 각별히 세시놀이라고도 한다. 그 밖에도 탈춤을 비롯한 민속예술이 세시풍속에 포함된다.

세시풍속은 1년을 주기로 해마다 행해지는 것이 보편적이다. 하지만 1년 주기가 아니더라도 세시풍속에 포함시키는 예가 있다. 윤달이 든 해에 지내는 장승제라든가 5년 또는 10년 단위로 지내는 별신제를 비롯하여 윤달에 행해지는 행사를 세시풍속에 포함시킨다.

우리나라는 현재의 일상력인 태양력을 사용하기 전까지 태음력인 時憲曆을 써 왔다. 우리가 흔히 음력이라고 하는 것은 원래 태음태양력을 말한다. 즉 순전한 음력이 아니라 태양력을 가미한, 이를테면 태음력과 태양력의 혼합이다. 따라서 세시풍속은 음력과 양력이 혼합된 태양태음력을 기준으로 하고 있다. 태양태음력에서 윤달은 3년에 한 번, 또는 5년에 두 번 든다. 또한 윤달이 드는 달이 정해진 것이 아니라 그 때마다 달라진다. 일 년은 12개월이 정상이지만 윤달이 드는 해에는 1개월이 더 있어 13개월이 일 년이 된다. 그러나 윤달은 月曆에 따른 자연적인 현상이기 때문에, 그리고 일 년 12개월에서는 벗어난다고 하더라도 1년이라는 단위 속에 포함되므로 윤달의 주기성은 세시풍속을 개념화하는 범주에서 논의된다.

세시풍속은 다달이 행해지는 주기전승의례로서 계절에 따른 의례라 하여 계절의례라고도 하고, 계절제라고도 한다. 우리의 계절은 정월을 시작으로 3개월 단위로 춘하추동으로 구분한다.

### 1. 迎鼓

夫餘는 正月에 祭天할새, 國中이 大會하여 連日飮食歌舞하니 名曰迎鼓라. 於是時에 斷刑獄하고 解囚徒하니라.

### 2. 舞天

濊는 常用十月節하여 祭天할새, 夜로 飮酒歌舞하니 名之爲舞天이라.

### 3. 東盟

高句麗는 其民이 喜歌舞하여 國中邑落이 暮夜에 男女群聚하여 相就歌戲러라.

以十月로 祭天할새. 國中이 大會하니 名曰東盟이러라.

## 4. 嘉俳

儒理王이 旣定六部하고 中分爲二하여 使王女二人으로 各率部內女子하여 分朋造黨하여 自秋七月旣望으로 每日早集大部之庭하여 績麻하되 乙夜而罷라.

至八月十五日하여 考其功之多少하여 負者가 置酒食하여 以謝勝者라. 於是에 歌舞百戲皆作하니 謂之嘉俳라.

是時에 負家一女子가 起舞歎하여 曰, "會蘇會蘇"라 한대 其音哀雅하니 後人이 因其聲而作歌하여 名會蘇曲하니라.

[三國史記]

## 1. 상고시대의 제천행사

### 1) 迎鼓

고대 부족국가의 하나인 부여의 집단적 제천 의식. 추수를 마친 12월에 온 나라의 백성이 동네마다 한데 모여서 하늘에 제사 지내고 회의를 열었으며, 그 때 의식 직전에 맞이굿[迎神祭]을 행하였다.

### 2) 舞天

상고 시대에 예에서 행했던 제천 의식. 해마다 음력 10월에 공동으로 하늘에 제사를 지내고 춤과 노래를 즐기던 명절 행사. 풍년을 빌고 추수를 감사하는 의식으로서 부족의 친목도 꾀하였다.

### 3) 東盟

고구려에서 해마다 10월에 국중 대회를 열고 행하던 제천 의식. '東明'이라고도 한다. 모든 부족이 한자리에 모여 국정을 의논하고 시조인 주몽신[동명신]과 그 생모인 하백녀를 제사지냈다. 이 의식은 또한 풍년과 수확을 빌고 감사하던 농제(農祭)였다.

## 2. 干支

　干支란 10干과 12支의 총칭이다. 중국 殷나라 때부터 있던 것으로 10간 12지를 짜 맞춘 60간지로 날짜를 세는 데 쓰인 것이 그 기원이다. 10간은 甲 乙 丙 丁 戊 己 庚 辛 壬 癸이고, 12지는 子 丑 寅 卯 辰 巳 午 未 申 酉 戌 亥이다. 干은 나무의 줄기를 뜻하며 支는 나무 가지의 뜻으로, 干은 하늘을 支는 땅을 나타낸다.

　10干은 날(日)을 가리키기 위해서, 12支는 달을 가리키기 위해서 은나라 때 만들었다. 이 12지를 하루의 시각에 배당하는 것은 前漢 시대에 시작되었다. 또 干支十二支獸라고 하여 동물과 결합되기도 한다. BC 2세기경에는 십이지의 각 支 에 쥐, 소, 범 등의 동물을 배당하였다. 午年에 출생한 사람은 말띠, 丑年에 출생한 사람은 소띠라고 한다.

　시간을 가리키는 말에 正午·子正이 있다. 정오는 午正과 같고 낮 12시 정각을 뜻하며 자정은 밤중 0시 정각이다. 현행의 시제는 24시간제이므로 십이지시제에 결합시키려면 각 支時를 初時와 正時로 갈라야 한다. 예를 들면 午初는 낮 11시, 午正은 낮 12시 이고, 子初는 밤 23시, 子正은 밤 0시이다. 십간과 십이지를 결합하면 60개의 간지가 얻어진다. 이것을 육십갑자 또는 육갑 등으로 부른다.

### 1) 간지 – 십이간지의 활용

| 12 시<br>동 물<br>음력월 | 자<br>쥐<br>11 | 축<br>소<br>12 | 인<br>범<br>정 | 묘<br>토끼<br>2 | 진<br>용<br>3 | 사<br>뱀<br>4 | 오<br>말<br>5 | 미<br>염소<br>6 | 신<br>원숭이<br>7 | 유<br>닭<br>8 | 술<br>개<br>9 | 해<br>돼지<br>10 |
|---|---|---|---|---|---|---|---|---|---|---|---|---|
| 방 위 | 180° | 210° | 240° | 270° | 300° | 330° | 0° | 30° | 60° | 90° | 120° | 150° |
| 시 각 | 23시<br>0 | 1<br>2 | 3<br>4 | 5<br>6 | 7<br>8 | 9<br>10 | 11<br>12 | 13<br>14 | 15<br>16 | 17<br>18 | 19<br>20 | 21<br>22 |

# 3. 24절기

1) 보름(15일) 마다 한 절기씩 규칙적으로 온다.

2) 첫 번째 오는 것은 계절의 시작을 알리는 설 립(立)자로 시작된다.

3) 매 계절의 네 번째는 계절 이름으로 구성되어 있다.

4) 여름, 겨울에는 더위, 추위라는 말이 큰 대, 작을 소라는 글자와 결합되어 있다.

5) 계절의 특성을 나타내는 한자어로 되어 있어 쉽게 유추할 수 있다.

| 계절 | 절기 | 시기(양력) | 의미 |
| --- | --- | --- | --- |
| 봄 | 입춘(立春) | 2월 4일 경 | 봄이 시작됨 |
| | 우수(雨水) | 2월 19일 경 | 비 내리고 강물 풀림 |
| | 경칩(驚蟄) | 3월 5일 경 | 개구리가 놀라 잠 깸 |
| | 춘분(春分) | 3월 21일 경 | 낮과 밤 길이가 같아짐 |
| | 청명(淸明) | 4월 5일 경 | 날씨가 청명해짐 |
| | 곡우(穀雨) | 4월 20일 경 | 곡식을 크게 하는 비 내림 |
| 여름 | 입하(立夏) | 5월 6일 경 | 여름이 시작됨 |
| | 소만(小滿) | 5월 21일 경 | 여름 기운이 조금씩 참 |
| | 망종(芒種) | 6월 6일 경 | 보리가 익어감 |
| | 하지(夏至) | 6월 21일 경 | 여름이 최고조에 도달함 |
| | 소서(小暑) | 7월 7일 경 | 더위가 조금씩 시작됨 |
| | 대서(大暑) | 7월 23일 경 | 더위가 최고에 도달함 |
| 가을 | 입추(立秋) | 8월 8일 경 | 가을이 시작됨 |
| | 처서(處暑) | 8월 23일 경 | 더위를 처치하여 쌀쌀함 |
| | 백로(白露) | 9월 8일 경 | 흰 이슬이 내림 |
| | 추분(秋分) | 9월 23일 경 | 낮과 밤 길이가 같아짐 |
| | 한로(寒露) | 10월 8일 경 | 찬 이슬이 내려 차가워짐 |
| | 상강(霜降) | 10월 23일 경 | 서리가 내려 싸늘하게 됨 |
| 겨울 | 입동(立冬) | 11월 7일 경 | 겨울이 시작 됨 |
| | 소설(小雪) | 11월 23일 경 | 눈이 조금씩 내리기 시작함 |
| | 대설(大雪) | 12월 7일 경 | 큰 눈이 내리고 추워짐 |
| | 동지(冬至) | 12월 23일 경 | 겨울이 최고조에 이름 |
| | 소한(小寒) | 1월 6일 경 | 추위가 조금씩 시작됨 |
| | 대한(大寒) | 1월 20일 경 | 큰 추위가 옴 |

1. 아래 설명에 해당하는 祭天行事의 명칭을 보기에서 찾아보시오.

　① 추수를 마친 12월에 열었던 부여(夫餘)의 제천의식 (　　)

　② 음력 10월에 부족의 친목을 도모하기 위해 행했던 예(濊)의 제천의식
　　(　　)

　③ 시조인 주몽(朱蒙)과 그 생모인 유화부인(柳花婦人)의 제사를 겸했던
　　고구려(高句麗)의 제천의식 (　　)

| 보기 | ㄱ. 동맹(東盟)　　ㄴ. 영고(迎鼓)　　ㄷ. 무천(舞天) |
| --- | --- |

2. 다음 한자의 讀音을 쓰시오.

　① 檀紀(　　　　)　　② 端午(　　　　)　　③ 歲拜(　　　　)

　④ 美風良俗(　　　　)　　⑤ 崇禮門(　　　　)　　⑥ 祭天儀式(　　　　)

　⑦ 精氣(　　　　)　　⑧ 還甲(　　　　)　　⑨ 白衣民族(　　　　)

　⑩ 孝道(　　　　)　　⑪ 遺物(　　　　)　　⑫ 嘉俳(　　　　)

　⑬ 高句麗(　　　　)　　⑭ 新羅(　　　　)　　⑮ 百濟(　　　　)

3. 다음 문장을 소리내어 읽고 해석해보자.

　① 會獵樂浪之丘하여 以所獲猪鹿으로 祭天及山川神이러니

　② 王이 領軍하여 逆戰於拜山之野할새
　　溫達이 爲先鋒하여 疾鬪하여 斬數十餘級이라.

③ 賜爵爲大兄하니 由此로 寵榮尤渥하고 威權日盛이러라.

④ 自秋七月旣望으로 每日早集大部之庭하여 績麻하되 乙夜而罷라.

⑤ 於是에 歌舞百戲皆作하니 謂之嘉俳라.


4. 嘉俳는 어느 명절의 옛 명칭인가? (　　)

　① 설날　　② 단오(端午)　　③ 칠석(七夕)　　④ 추석(秋夕)


5. 조지훈의 詩 僧舞에 등장하는 "이밤사 귀또리도 지새우는 三更인데"라는
　구절에서 삼경은 어느 시간을 말하는 것인가? (　　)

　① 오후 7시에서 9시까지　　　　② 오후 9시에서 11시까지

　③ 오후 11시에서 오전 1시까지　　④ 오전 1시에서 오전 3시까지


6. 다음 글 중 밑줄 친 단어에 해당하는 한자를 보기에서 찾으시오.

　　사람들은 살아가면서 많은 것을 느끼고 생각하게 되며, 이러한 것들
　을 ①표현하고 싶은 ②욕구를 가지고 있다. 그래서 그림도 그리고, ③조
　각도 하고 ④음악이나 ⑤무용, ⑥연극을 통해서 표현하기도 하며 또는
　글로써 나타내기도 한다. 이것을 우리는 ⑦예술이라고 ⑧총칭한다. 그리
　고 이 중에서 언어를 통해 표현한 것을 ⑨문학이라고 일컫는다. 사람은
　언어를 통해 ⑩사고하고 그 ⑪결과를 표현할 수 있는데 문학에 사용하는
　언어는 ⑫일상생활에서 ⑬의사전달을 하는데 ⑭사용하는 일상어를 문학
　적으로 다듬은 것이다.

| 보기 | ㄱ. 音樂 | ㄴ. 藝術 | ㄷ. 思考 | ㄹ. 意思傳達 |
| | ㅁ. 欲求 | ㅂ. 彫刻 | ㅅ. 表現 | ㅇ. 演劇 |
| | ㅈ. 總稱 | ㅊ. 使用 | ㅋ. 日常生活 | ㅌ. 文學 |
| | ㅍ. 舞踊 | ㅎ. 結果 | | |

1. 十干과 十二支를 한자로 써보자.

① 십간(十干) : 갑(甲), 을(乙), 병(丙), 정(丁), 무(戊), 기(己), 경(庚), 신(辛), 임(壬), 계(癸)

② 십이지(十二支) : 자(子), 축(丑), 인(寅), 묘(卯), 진(辰), 사(巳), 오(午), 미(未), 신(申), 유(酉), 술(戌), 해(亥)

2. 다음 祭天行事의 명칭과 내용을 익혀보자.

① 영고(迎鼓) : 고대 부족국가의 하나인 부여의 제천의식. 추수를 마친 12월에 행해짐.

② 무천(舞天) : 상고 시대에 예에서 행했던 제천의식. 해마다 음력 10월에 공동으로 하늘에 제사를 지내고 춤과 노래를 즐기던 명절 행사.

③ 동맹(東盟) : 고구려에서 해마다 10월에 국중 대회를 열고 행하던 제천의식. 동명(東明)이라고도 한다.

제11강

# 生活의 智慧

✿ 학습목표 ✿

- 한자(漢字)와 한문(漢文)의 차이를 알아본다.
- 생활의 지혜를 얻을 수 있는 문장을 익혀본다.
- 東北工程에 대해 살펴본다.
- 윤회(尹淮)의 너그러운 마음을 본받는다.

## 1. 漢字와 漢文

한자와 한문이 다른 것임을 모르는 사람들이 이외로 많다. 그래서 한자 공부와 한문 공부를 똑같은 것으로 착각하는 사람들이 많다. 이 자리를 빌어서 차이점을 분명히 알아보기로 하자. 그 차이점을 명백히 하여야 잘못된 판단을 미연에 방지할 수 있고, 일반 지성인들에게 꼭 필요한 것이 한자 지식인지 아니면 한문 지식인지를 분명하게 알 수 있게 되기 때문이다.

한자는 낱낱의 글자 그 자체를 말하며, 한문은 낱낱의 한자로 이루어진 문장을 말한다. 한자는 그 자체로 하나의 낱말이 되기도 하고, 다른 글자와 더불어 새로운 낱말을 구성하는 낱말의 구성 요소, 즉 형태소로 쓰이기도 한다. 이를테면 "山"이라는 글자는 그 자체로 "뫼"라는 낱말이 되는가 하면, "脈"이라는 글자와 더불어 "山脈"이라는 또 하나의 낱말을 구성하기도 한다.

한문은 한자로 이루어진 문장을 말한다. 예를 들어 보기로 하자. 知行合一說을 주장한 것으로 널리 알려져 있는 明나라 때의 철학자 王陽明이 쓴 책인 『傳習錄』의 상권에 유명한 구절이 있다. "知是行之始, 行是知之成." 이것은 한자가 아니라 한문이다. 한자로 이루어진 문장, 즉 漢文이다. 이 한문을 해석하는 데에는 한자 지식만 있어서 되는 것은 아니다. 문장의 짜임과 성분 분석 등에 관한 지식이 있어야 무슨 말(뜻)인지를 알 수 있다. 바꾸어 말하여, 한문 공부를 많이 한 사람이어야 비로소 이 문장을 "앎은 실행의 시작이고, 실행은 앎의 완성이다."로 번역할 수 있다. 그리고 지식과 실천이 둘이 아니라 하나임을 주장한 것임을 알 수 있다. 또한, 나아가 실천에 옮기지 아니한 지식은 어쩌면 아무런 소용이 없을 것이라는 느낌을 받을 수 있을 것이다.

한문 공부는 한자로만 이루어진 문장(『論語』, 『孟子』, 『大學』 등)을 해석하는 데 필요한 것인 반면에, 한자 공부는 우리 국어의 약 70~80%에 달하는 한자 어휘, 즉 한자말의 정확한 뜻을 파악하는 데 필요한 것이다. 한문은 고전 문헌을 연구하는 전문가에게 필요한 것이라면, 한자는 우리말에 쓰이는 한자말의 말뜻을 정확하게 알아야 하는 일반 교양인·지성인이면 누구나 꼭 필요한 것이다. 따라서 전문가가 아닌 일반인이라 할지라도 꼭 알아 두어야 할 것은 "한문"이 아니라 "한자"다.

### 1. 兄弟投金

高麗恭愍王時에 有民兄弟하여 偕行이라가 弟得黃金二錠하여 以其一로 與兄이러니 至孔巖津하여 同舟而濟할새 弟忽投金於水라.

兄이 怪而問之하니 答曰, 「吾가 平日에 愛兄篤이러니 今而分金에 忽萌忌兄之心하니, 此乃不祥之物이라 不若投諸江而忘之니이다.」

兄曰, 「汝之言이 誠是矣라.」하고 亦投金於水하니라.

時에 同舟者가 皆愚民이라 故로 無有問其姓名邑里云이러라

[新增東國輿地勝覽]

## 2. 不言長短

昔<sub></sub>에 黃相國喜가 微時에 行役할새 憩于路上이라가 見
田夫駕二牛而耕者하고 問曰,「二牛何者爲勝고.」田
夫不對하고 輟耕而至하여 附耳細語曰,「此牛勝이라」
公이 怪之曰,「何以附耳相語오」田夫曰,「雖畜物이
나 其心은 與人同也라. 此勝則彼劣이니 使牛聞之면 寧
無不平之心乎아.」公이 大悟하여 遂不復言人長短云
이러라.

[芝峯類說]

## 3. 人心難知

英廟親臨揀擇할새 聚集士夫女子於宮中하고 問衆女子하되,「何物이 最深고.」 或言山深하며 或言水深하여 衆論不一이어늘 后獨曰,「人心이 最深이니이다.」

上이 問其故한대 后對曰,「物深은 可測이어니와 人心은 不可測也니이다.」上이 又問,「何花最好오.」

或言桃라 하고 或言牧丹花라 하고 或言海棠花라 하여 所對不一이어늘 后獨言曰,「棉花最好니이다.」

上이 問其故한대 對曰,

「他花는 不過一時好하되 惟棉花는 衣被天下有溫煖之功也니이다.」

[大東奇聞]

## 1. 동북공정(東北工程)이란 무엇인가

2,000년에 들어서서 우리 정부가 고구려 문제에 관심을 표명하고, 나아가 2001년 북한 측에서 고구려 고분벽화를 세계문화유산으로 신청한 것이 직접적으로 중국을 자극시켰고, 이어서 중국에 거주하고 있는 우리 동포의 법적 지위에 대한 특별법이 상정되자 중국이 먼저 조선족과 한반도의 통일문제 등에 대한 대책을 세우기 시작했다. 그리하여 중국 정부는 동북 변강의 역사와 그에 따라 파생되는 현상에 대한 체계적인 연구 프로젝트를 뜻하는 동북공정을 실행에 옮기게 된 것이다.

이 연구의 주 내용은 중국의 동북3성, 즉 만주지역의 역사를 연구하는 데 초점이 맞추어져 있고, 이를 통해 아시아 동북지역의 고대문명을 중국의 것으로 삼으려는 문명적 침략행위를 자행하기에 이른 것이다.

## 2. 다음의 글을 읽어보고 우리 역사를 바로 세우기 위한 방법들을 생각해보자.

### 우루무치에서 발해를 생각하다

중국 우루무치의 新疆 위구르자치구박물관은 실크로드 본고장에서 화려한 옛 문명의 향기를 쏘이려는 순례자들이 단골로 들르는 곳이다.

연전에 타클라마칸사막의 옛 도시 니야 유적 등 3만7000점의 유물을 소장한 이곳을 찾았다. 지하 1층, 지상 2층 박물관은 자치구 성립 50주년을 맞아 두어 달 전 새 단장을 마치고 문을 열었다고 했다. 主 전시실인 1층 '역사문물관'을 돌다가 걸음을 멈췄다. '漢 서역도호부 시기', '唐 안서도호부 시기', '몽고 칸국 설립기'…. 동서교역을 이끌면서 독특한 문화를 꽃피운 쿠차, 호탄, 야르칸드 같은 실크로드의 주요 도시국가는 중화제국의 역사단장에 동원된 들러리 신세였다. 박물관은 "기원전 중국 판도에 들어온 신장은 중국과 분리될 수 없는 일부"라고 한술 더 떴다. BC 60년 한나라가 서역도호부를 설치하면서 중국 영토가 됐다는 것이다.

실크로드를 누빈 흉노·돌궐·티베트·몽골은 물론 9세기 이래 이 지역 주인인 위구르인들이 들으면 기가 막힐 것이다. 신장이 중국 영토에 편입된 것은 1750년대 청나라 건륭제가 몽골계 준가르 제국과 위구르족을 잇달아 정복하면서부터다. 新疆이란 이름부터가 청이 이곳을 정복한 뒤 '새로 편입한 영토'란 뜻으로 붙인 것이다. 위구르인들은 청지배기에는 물론 1949년 이후에도 독립을 요구하는 시위를 펼치면서 끈질긴 저항을 이어가고 있다. 이런 위구르인들을 포섭하기 위해 중국 정부는 1980년대 '西北공정'을 밀고 나갔다. 사회과학원 산하 '변강사지(邊疆史地)연구중심'을 앞세워 이 지역 역사를 연구하면서 신장이 원래 중국 영토였다고 목소리를 높인 것이다.

신장 못지않게 기막힌 운명이 티베트다. 중국은 1986년 '서남공정'을 추진하면서 티베트가 13세기 원나라 이후 중국의 일부였다며 티베트의 모든 역사를 중국에 집어넣었다. 지금도 티베트 고유의 역사를 지우는 일에 사회과학원 산하 '藏學 연구중심' 소속 130명이 매달리고 있다.

그러나 티베트 역사를 조금만 들여다보면 중국 주장이 얼마나 터무니없는지 알 수 있다. 티베트 왕은 당나라 황제에게 공주를 아내로 달라고 요구할 만큼 중국의 강력한 경쟁 상대였다. 18세기 초 청나라 군대가 라싸에 진주하면서 중국 영향권에 들어갔으나 티베트 지도자 달라이라마를 통한 간접통치가 고작이었다. 1949년 중국이 티베트를 중국의 일부라고 선언한 뒤 달라이라마가 인도로 탈출, 망명 정부를 꾸려오고 있는 게 티베트의 현실이다.

서남공정과 서북공정은 중국이 고구려와 발해를 자기 것이라고 우기는 '동북공정'의 원조다. 중국은 현재 자기 영토 내에서 활동한 모든 민족은 중화민족이라는 다민족 통일국가론을 내세우면서 소수민족의 역사도 모두 자기 것이라고 우긴다. 그러나 이런 주장은 현재 영토를 기준으로 삼은 영토 지상주의이자 현재 그 지역을 영유하고 있다는 힘의 논리에 기대 다른 민족의 고유한 역사와 뿌리를 짓밟는 중화제국주의일 뿐이다.

중국이 소수민족 역사를 자기 것으로 끌어들이는 것은 56개 민족으로 이뤄진 중국의 국민적, 영토적 통합을 위해서다. 하지만 자기네들이 뭉치겠다고 주변민족 역사를 멋대로 지우는 난폭한 역사관으로는 이웃나라와 '역사전쟁'을 부를 수밖에 없다. "고구려와 발해는 중국과 분리될 수 없는 일부다." 우루무치의 박물관에서 중국의 공식사관(史觀)으로 곧 등장할지 모를 구절을 떠올리며 동아시아 역사전쟁의 전운(戰雲)이 밀려오는 것을 예감했다.

{조선일보 2006. 6. 8(목), A35면. 〈태평로〉}

## 3. 尹淮弘量

尹淮는 朝鮮 世宗때의 名臣으로, 字는 청경, 號는 淸香堂이다. 太宗때에 과거에 합격하여 벼슬이 兵曹判書, 藝文館 大提學에 이르렀다. 학문이 뛰어나 세종 때에는 集賢殿에 있으면서 八道地理志, 資治通鑑訓義 등 많은 편찬에 참여하였으며, 南秀文과 함께 일대의 문장가로 손꼽혔다.


尹淮가 少時에 有鄕里之行하여 暮投逆旅하니, 主人이 不許止宿하여

坐於庭畔이라. 主人兒持大眞珠出來라가 落於庭中이어늘

旁有白鵝하여 卽呑之라.

俄而主人索珠不得에 疑公竊取하여 縛之하고 朝將告官이라.

公不與辨하고 只云, 「彼鵝亦繫吾傍하라.」

將朝에 珠從鵝後出이라, 主人慚謝曰, 「昨何不言고.」하니

公曰, 「昨日言之면 則主必剖鵝覓珠라, 故로 忍辱而待라.」하더라.


윤회가 소년 시절에 시골에 여행한 적이 있었는데, 날이 저물어 여관에 투숙하려 하였으나, 주인이 받아들이지 않아서 마당가에 앉았다. 이 때 주인의 어린아이가 큰 진주를 가지고 나왔다가 마당에 떨어뜨렸는데, 옆에 있던 흰 거위가 바로 그것을 삼켜버렸다.

이윽고 주인이 이를 찾다가 못 찾고 공이 훔친 줄로 의심하고 다음날 아침에 관청에 고발하기 위해 공을 결박하였다. 공은 이에 대해 변명하지 않고 단지 말하기를 "저 거위도 내 곁에 붙잡아 매라."라고 하였다.

다음날 아침에 진주가 거위의 항문에서 나왔다. 주인이 부끄러워 사

과하며 말하기를 "어찌하여 어제는 말하지 않았는가?"하니 공이 말하기를 "어제 그것을 말했다면 주인은 즉시 거위의 배를 갈라 진주를 꺼냈을 것이므로 모욕을 참고 기다렸다."고 하였다.

윤회는 이처럼 모욕을 참고 견딤으로써 미물의 생명까지도 사랑하는 넓은 아량을 베풀었다.

1. 다음 문장을 소리내어 읽고, 우리말로 해석해 보시오.

① 吾가 平日에 愛兄篤이러니 今而分金에
忽萌忌兄之心하니, 此乃不祥之物이라 不若投諸江而忘之니이다.

② 公이 怪之曰,「何以附耳相語오」
田夫曰,「雖畜物이나 其心은 與人同也라.」

③ 公이 佩小鈴以自戒하여 每聞鈴聲에 猛加警飭하고 出入坐臥에 未嘗捨鈴
이러니, 今日減一分하고 明日減一分하여 及至中年之後하여는 渾然天成
하니라.

2. 아래 글에서 밑줄 친 단어의 한자를 보기에서 찾으시오.

　사회변동과 인구변화에 따라 ①노인문제가 중요한 사회②문제로 나
타나고 있다. 노인의 부양은 ③전통적으로 ④가족 안에서 이루어져 왔
다. 그러나 ⑤급속한 사회변동에 따라 ⑥경제구조가 변화하였고 이러한
⑦변화는 ⑧농업과 농토를 토대로 했던 ⑨가부장제적 대가족을 ⑩붕괴
시켰다.

| 보기 | ㉠ 家族 | ㉡ 問題 | ㉢ 急速 | |
|---|---|---|---|---|
| | ㉣ 經濟構造 | ㉤ 崩壞 | ㉥ 農業 | |
| | ㉦ 家父長制的 | ㉧ 老人 | ㉨ 傳統的 | ㉩ 變化 |

3. 다음 문장의 내용과 형제투금(兄弟投金)의 내용을 통해 형제 간의 우애에
   대해 생각해보자.

   兄弟는 骨肉至親이니 比之木則同根也라. 兄弟之情은 友愛而已니라.


4. 다음 문장의 뜻을 생각해보자.

   知是行之始, 行是知之成.


5. 東北工程에 대하여 알아보고, 우리 역사를 바로 세울 수 있는 방안을
   생각해 보자.

1. 漢字는 낱낱의 글자 그 자체를 말하며, 漢文은 낱낱의 한자로 이루어진 문장을 말하는 것이다. 한문 공부는 한자로만 이루어진 문장을 해석하는 데 필요한 것인 반면에, 한자 공부는 우리 국어의 한자 어휘를 정확한 뜻을 파악할 때 필요한 것이다.

2. 여러 문장을 통해 선인들의 지혜를 습득할 수 있다.

3. 尹淮弘量의 내용을 통해 세상을 지혜롭고 바르게 살아갈 수 있는 방법을 생각해보자.

제12강

# 三綱과  五倫

❀ **학습목표** ❀

• 오륜(五倫)에 대해 살펴본다.
• 문장을 통해 삶의 지혜를 배운다.
• 맹자(孟子)가 말한 군자삼락(君子三樂)을 익힌다.



## 1.  三綱과  五倫

동양 사상의 대전제는 하늘과 사람, 곧 천지 자연과 인간의 동일성을 인정하는 데 있다. 물론 그렇다고 해서 우리 선조들이 인간을 대단찮은 존재로 비하시켰던 것은 아니다. 선조들은 천지간의 모든 존재 중에서 인간이 가장 존귀하다고 파악하고 있다. 하지만 존귀한 근거는 인간이 가진 물리적인 힘이나 도구적 지식 또는 기능 때문이 아니다. 인간이 가장 존귀한 까닭은 어디까지나 다른 만물들과는 달리 五倫이라는 도덕적인 능력을 지니고 있기 때문이다.

우리나라 실학자 李瀷도『星湖僿說』에서 "사람이 짐승과 다른 것은 오륜을 가지고 있기 때문(人之異於禽獸者 以其有五倫也)"이라고 했다.

이처럼 유학에서는 성리학이나 실학 등 어떤 학풍을 막론하고 인간을 본래부터 도덕성을 타고난 존재로 규정하기 때문에 자신이 타고난 도덕성을 밝혀내면서 살아가는 것이 가장 바람직한 삶이라고 생각하였다. 유학의 이와 같은 정신이 가장 잘 드러나 있는 것이 四書의 하나인 『中庸』이다.

『중용』에서는 "인간이 자신에게 부여된 도덕적 능력을 극대화하면 천지자연과 대등한 존재가 될 수 있다.(致中和 天地位焉 萬物育焉 …… 與天地參)"고 하여 도덕적 수양의 중요성을 강조하고 있다.

흔히 三綱과 五倫을 유학이 지향하는 도덕 규범으로 병칭하지만 실제로 삼강은 유가의 문헌에 직접적으로 나타나지 않는다. 삼강은 한 (漢)나라 董仲舒의 『春秋繁露』에 처음으로 나오는데 그 내용이 각각 君爲臣綱, 父爲子綱, 夫爲婦綱으로 임금은 신하의 벼리이고, 부모는 자식의 벼리이며, 지아비는 지어미의 벼리라는 식으로 신하와 자식, 지어미의 무조건적인 복종을 강조하는 일방적인 윤리이기 때문에 인륜의 雙務性 또는 互惠性을 강조하는 오륜과는 그 성격이 크게 다르다.

『孟子』에 처음 보이는 오륜은 父子有親, 君臣有義, 夫婦有別, 長幼有序, 朋友有信으로 부모와 자식, 임금과 신하, 지아비와 지어미, 어른과 아이, 친구간에 각각 지켜야 할 바람직한 행위 규범을 제시하고 있기 때문에 일방적인 복종을 강요하지 않는다는 점에서 현대사회에 비추어볼 때도 보편적 타당성을 얻을 수 있는 윤리 규범이다.

## 1.

忍者는 中有所止之謂라

忍於言者는 其言也訒이고

忍於事者는 其事也宜니라

當怒而忍하면 則無後悔하며

當忿而忍하면 則無誤著하니라

[篁谷集]

2.

弟子入則孝하며 出則弟하고 謹而信하며 汎愛衆하되 而親仁이니 行有餘力이어든 則以學文이니라. 士志於道而恥惡衣惡食者는 未足與議也니라. 子貢이 問曰,「有一言而可以終身行之者乎이까.」

子曰,「其恕乎인저 己所不欲을 勿施於人이니라.」

子貢이 問政한대 子曰,「足食足兵이면 民이 信之矣리라.」 子貢이 曰,「必不得已而去인댄 於斯三者에 何先이리이꼬.」 曰,「去兵이니라.」 子貢이 曰,「必不得已而去인댄 於斯二者에 何先이리이꼬.」 曰,「去食이니 自古皆有死어니와 民이 無信이면 不立이니라.」

[論語]

3.

孟子見梁惠王한대 王曰,「叟不遠千里而來하니 亦將有以利吾國乎이까」孟子對曰,「王은 何必曰利이꼬 亦有仁義而已矣니이다. 王曰何以利吾國고하면 大夫曰何以利吾家오 하며 士庶人이 曰何以利吾身고 하여 上下가 交征利면 而國이 危矣리이다. 未有仁而遺其親者也이며 未有義而後其君者也이니이다. 王은 亦曰仁義而已矣이니 何必曰利이꼬.」

天時不如地利요 地利不如人和니라. 三里之城과 七里之郭을 環而攻之而不勝하나니 夫環而攻之에 必有得天時者矣언마는 然而不勝者는 是天時가 不如地利니라. 城非不高也며 池非不深也며 兵革이 非不堅利也며 米粟이 非不多也로되 委而去之하나니 是地利不如人和也니라.

[孟子]

## 1. 孟子의 君子三樂

孟子 盡心篇에 나오는 글로, 이 글에서 '君子三樂'이라는 말이 유래되었다.


孟子曰 "君子有三樂而王天下는 不與存焉이니
父母俱存하며 兄弟無故가 一樂也요
仰不愧於天하고 俯不怍於人이 二樂也요
得天下英才而敎育之가 三樂也라"
(해석)

맹자가 말하기를, "군자에게 세 가지의 즐거움이 있는데 천하의 왕 노릇을 하는 것은 여기에 포함되지 않는다. 부모가 모두 살아계시고, 형제가 무고한 것이 한 가지 즐거움이고, 우러러보아 하늘에 부끄럽지 않고 아래를 굽어보아 남에게 부끄럽지 않은 것이 두 번째 즐거움이고, 천하의 영재를 얻어 그를 교육시키는 것이 세 번째 즐거움이다."


맹자의 '君子三樂'의 내용을 되새기며 다음의 시를 감상해 보자.


죽는 날까지 하늘을 우러러
한 점 부끄럼이 없기를

잎새에 이는 바람에도
나는 괴로워했다.
별을 노래하는 마음으로
이 모든 죽어가는 것을
사랑해야지
그리고 나한테 주어진 길을
걸어가야겠다.

오늘 밤에도 별이 바람에 스치운다.


– 윤동주 「서시(序詩)」

1. 다음 중 맹자가 제시한 군자삼락에 해당되지 않는 것을 고르시오.(   )

① 입신양명(立身揚名)

② 부모구존(父母俱存)

③ 득천하영재(得天下英才)

④ 앙불괴어천(仰不愧於天)

2. 다음 문장을 국역해 보시오.

① 弟子入則孝하며 出則弟하고 謹而信하며 汎愛衆하되 而親仁이니 行有餘
力이어든 則以學文이니라.

② 去食이니 自古皆有死어니와 民이 無信이면 不立이니라.

③ 王은 何必曰利이꼬 亦有仁義而已矣니이다. 王曰何以利吾國고 하면 大夫
曰何以利吾家오 하며 士庶人이 曰何以利吾身고 하여 上下가 交征利면 而
國이 危矣리이다. 未有仁而遺其親者也이며 未有義而後其君者也이니이
다. 王은 亦曰仁義而已矣이니 何必曰利이꼬.

3. 다음 한자의 독음(讀音)을 쓰시오.

① 警告(        )        ② 擔當(        )        ③ 功德(        )

④ 指定(        )        ⑤ 施設(        )        ⑥ 港口(        )

⑦ 送金(        )        ⑧ 侵攻(        )        ⑨ 回復(        )

⑩ 修道(        )        ⑪ 戶主(        )        ⑫ 復活(        )

⑬ 尊重(        )        ⑭ 將軍(        )        ⑮ 街路樹(        )


4. 三綱五倫의 항목을 한자로 쓰시오.

① 三綱 :


② 五倫 :

1. 三綱은 君爲臣綱, 父爲子綱, 夫爲婦綱, 五倫은 父子有親, 君臣有義, 夫婦有別, 長幼有序, 朋友有信이다.

2. 맹자의 君子三樂을 외워보자.

　① 父母俱存하며 兄弟無故가 一樂也요

　② 仰不愧於天하고 俯不怍於人이 二樂也요

　③ 得天下英才而敎育之가 三樂也라

제13강

# 名文章 鑑賞

❀ 학습목표 ❀

- 파자(跛字)에 대해 살펴본다.
- 소식(蘇軾)의 적벽부(赤壁賦) 및 명문(名文)을 감상한다.
- 한시(漢詩)에 담긴 고인(古人)들의 우아한 멋과 풍류를 감상한다.
- 구양수(歐陽脩)와 삼다(三多), 소학(小學)의 내용을 살펴본다.


## 1. 破字와 한자 수수께끼

跛字란 한자를 여러 부분으로 깨트려 의미를 부여하는 일종의 수수께끼와 같은 문자유희이다. 한자는 표의문자로서 여러 구성부분이 합쳐져서 하나의 문자가 되었으므로 반대로 여러 요소로 나누어질 수도 있다. 그런 성질 때문에 파자놀이가 많이 유행하였다.

파자놀이는 우리가 접근하기 어려운 한자를 알기 쉽고 외우기 쉽게 만들어주기도 한다. 가령 목숨 수(壽)를 외우게 하기 위해 '士一이와 工一이는 口寸'이라고 풀어 읽는 것이 그 예이다. 여기 몇 가지 파자놀이 한자 수수께끼를 소개하기로 한다.

♣ 만일 꿈에 시냇가에서 닭이 노는 모습을 보았다면 앞으로 어떤

일이 일어나는지 알 수 있을까?

이런 수수께끼를 풀자면 먼저 이 말에 나오는 것을 한자와 관련시켜야 한다. 먼저 시냇가는 시냇물을 뜻하는 것이니 물 수(水)와 관련이 되고, 닭은 닭 유(酉)자와 관련이 깊다. 이 두 자를 합치면 술 주(酒)가 된다. 그러므로 이 수수께끼의 답은 "술이 생긴다."이다.


♣ 어떤 사람이 꿈에 소가 꼬리를 두 개 달고 있는 모습을 보았다. 이것은 다음날 어떤 일이 일어남을 가리키는 것일까?

먼저 소가 등장했으니 소 우(牛)자와 관련이 된다. 그리고 소의 꼬리가 두 개라고 했으니, 소 우자의 꼬리부분의 선을 두 개로 갈라놓으면 잃을 실(失)자가 된다. 그러므로 "재물의 소중한 것을 잃어버린다."는 것이 이 수수께끼의 답이 된다.


♣ 자기 아내를 죽인 범인을 찾는 남편의 꿈에, 어느 날 백발도사가 나타나서 "범인은 차마 바로 일러주지 못하겠노라. '有之始, 沒之終'이니라"고 일러주었다. 범인은 누구일까?

'有之始, 沒之終'을 해석하면 有의 시작부분이요, 沒의 끝부분이다. 有의 첫 부분(十)과 沒의 끝부분(又)을 합치면 友(벗 우)자가 되므로, 아내의 친구가 바로 범인이 된다.


이런 수수께끼는 누구나 만들 수 있으므로 한번 한자를 가지고 생각해 보자.

## 2. 현대소설과 파자(跛字)

이런 파자는 고리타분한 옛 이야기에서 그치는 것이 아니다. 한자를 사용하는 한 한자를 이용한 문자 유희는 여전히 매력적이다. 현대 소설에서도 특이하게 이런 파자를 이용하여 소설을 이끌어 나가는 작품이 있다. 그것은 바로 전후의 대표적인 소설가인 장용학의 데뷔작 『地動說』이라는 소설인데, 이 작품 전체는 하나의 한자 풀이에 얽힌 이야기라고 할 수 있다.

그는 처음부터 소설의 첫 부분에서 수수께끼같은 7언 절구의 시 일부분을 내세우는데 그것이 바로 파자놀이인 것이다. 그 소설에 등장하는 처녀의 나이는 다음과 같은 시로 나타난다.


南山有田邊土落(남산유전변토락)
後園鳩來鳥落飛(후원구래오락비)


글자 그대로 해석을 한다면, "남산에 밭이 있는데, 그 밭의 가장자리의 흙은 떨어져 나가고, 뒤뜰에 비둘기가 날아 왔는데, 새는 떨어져 날아가 버렸다."이다. 이것은 남산의 밭(田)에 흙이 떨어져 나가면 열 십(十)자만 남고, 후원의 비둘기(鳩)에서 새가 날아가면 아홉 구(九)자만 남는다. 그래서 그 처녀의 나이는 19세라는 말이다.

## 1. 文章

### 1) 赤壁賦

壬戌之秋, 七月旣望에 蘇子與客으로 泛舟遊於赤
壁之下할새 淸風은 徐來하고 水波는 不興이라 擧酒屬客
하여 誦明月之詩하고 歌窈窕之章이러니 少焉에 月出於
東山之上하여 徘徊於斗牛之間이라.

白露橫江하고 水光接天이라. 縱一葦之所如하여 凌萬
頃之茫然이라. 浩浩乎如憑虛御風하여 而不知其所止요
飄飄乎如遺世獨立하여 羽化而登仙이라. …(中略)…

夫天之間에 物各有主하니 苟非吾之所有면 雖一毫而
莫取로대 惟江上之淸風과 與山間之明月은 耳得之而
爲聲하고 目寓之而成色이라. 取之無禁하며 用之不竭하
니 是造物者之無盡藏也요 而吾與子之所共樂이라.

客이 喜而笑하고 洗盞更酌할새 肴核旣盡하고 杯盤狼

藉라

相與枕藉乎舟中하여 不知東方之旣白이러라.

[古文眞寶]

### 2) 春夜宴桃李園序

夫天地者는 萬物之逆族요, 光陰者는 百代之過客이라. 而浮生이 若夢하니 爲歡이 幾何오. 古人秉燭夜遊는 良有以也로다.

況陽春이 召我以煙景하고 大塊가 假我以文章이라. 會桃李之芳園하여 序天倫之樂事하니 群季俊季는 皆爲惠連이어늘 吾人詠歌는 獨慚康樂가. 幽賞이 未已에 高談이 轉淸이라. 開瓊筵以坐花하고 飛羽觴而醉月하니 不有佳作이면 何伸雅懷리요. 如詩不成이면 罰依金谷酒數하리라.

[李白, 李太白集]

## 3) 師說

古之學者는 必有師하니 師者는 所以傳道授業解惑也라. 人非生而之者인댄 孰能無惑이리요. 惑而不從師면 其爲惑也가 終不解矣리라. 生乎吾前하여 其聞道也가 固先乎吾면 吾從而師之하고 生乎吾後라도 其聞道也가 亦先乎吾면 吾從而師之니, 吾는 師道也어니 夫庸知其年之先後生於吾乎아. 是故로 無貴無賤하며 無長無少히 道之所存은 師之所存也라.

嗟乎라. 師道之不傳也가 久矣니, 欲人之無惑也가 難矣라. 古之聖人은 其出人也가 遠矣로되 猶且從師而問焉이어늘 今之衆人은 其下聖人也가 亦遠矣로되 而恥學於師하니, 是故로 聖益聖하고 愚益愚로다. 聖人之所以爲聖과 愚人之所以爲愚가 其皆出於此乎인저.

[韓愈, 韓文公集]

## 2. 漢詩

### 1) 無語別

林悌

| | |
|---|---|
| 十五越溪女 | 羞人無語別 |
| 歸來掩重門 | 泣向梨花月 |

### 2) 大同江

鄭知常

| | |
|---|---|
| 雨歇長堤草色多 | 送君南浦動悲歌 |
| 大同江水何時盡 | 別淚年年添綠波 |

## 3) 山中問答

李白

問余何事栖碧山　　笑而不答心自閑

桃花流水杳然去　　別有天地非人間


## 4) 詠半月

黃眞伊

誰斷崑崙玉　　裁成織女梳

牽牛一去後　　謾擲碧空虛

5) 江南女

崔致遠

| | |
|---|---|
| 江南蕩風俗 | 養女嬌且憐 |
| 冶性恥針線 | 粧成調管絃 |
| 所學非雅音 | 多被春心牽 |
| 自謂芳華色 | 長占艶陽年 |
| 却笑隣舍女 | 終朝弄機杼 |
| 機杼縱勞身 | 羅衣不到汝 |

## 1. 歐陽脩와 三多

흔히 글을 잘 쓰는 수련법으로 제시되는 것이 唐宋八大家의 한 사람인 歐陽脩(1007~1072)가 말했다고 전해지는 三多입니다. 여기서 말하는 삼다란 多讀, 多作, 多商量이란 것입니다. 즉 좋은 글을 찾아서 널리 읽고, 많은 습작의 과정을 거치며 그것에 대하여 깊이 생각해 보라는 것이지요.

그렇습니다. 좋은 글이란 不斷한 노력과 省察의 결과이지 偶然히 써지는 것이 아닙니다. 다음에 소개되는 逸話는 이런 사정을 잘 보여주는 이야기입니다. 앞에서 학습한 赤壁賦의 著者 蘇軾과 관련된 일화입니다.


어느 날 자신의 집을 방문한 친구에게 소식은 자신이 쓴 작품 '적벽부'를 보여주며 한껏 자신의 文才를 자랑했습니다.

"여보게 이 글을 보게. 이것은 내가 한 번의 쉼도 없이 一筆揮之로 써서 완성한 작품이라네."

이 글을 읽어 본 친구는 탄복하지 않을 수 없었습니다.

"아니 정말 이것이 단숨에 써 내린 문장이란 말인가! 그렇다면 자네의 글 솜씨는 이미 入神의 경지에 달한 것이네."

한참동안 歡談을 나누던 중 소식이 잠시 그 자리를 뜨게 되었습니다.
그 때 친구는 소식이 앉아있던 자리의 방석이 유난히 두둑하게 솟아있
는 것을 발견하고 그 방석을 들춰보았습니다. 그랬더니 그 밑에는 '적
벽부'를 완성하기 위해 수없이 연습했던 習作의 원고가 두툼하게 깔려
있었습니다.


## 2. 소학으로 보는 삶의 자세

小學에 나오는 다음의 내용을 마음에 새겨 삶의 자세를 가다듬어 봅
시다.


言語를 必忠信하며 行事를 必誠敬하며 飮食을 必愼節하며 字畫을
必精正하며 容止를 必端嚴하며 衣冠을 必齊整하며 步履를 必安詳하며
居處를 必正靜하며 作事를 必謀始하며 出言을 必顧行하며 常德을 必
固持하며 言約을 必重應하며 見善如己出하고 見惡如己病이니 惟此十
四者를 我皆未深省일새 書此當座右하여 朝夕視爲警하노라.


말은 반드시 충성스럽고 믿음이 가게하며, 일을 행하는 것을 반드시
정성스럽고 공경되게 하며, 음식을 반드시 삼가고 절제 있게 하며, 글
자의 획을 반드시 정밀하고 바르게 하며, 용모와 행동을 반드시 단정하
고 엄숙하게 하며, 의관을 반드시 가지런하고 바르게 하며, 걸음걸이를
반드시 편안하고 자상하게 하며, 거처를 반드시 바르고 고요하게 하며,
일을 행할 때는 반드시 처음을 꾀하는 것처럼 하고, 말을 할 때는 반드

시 행할 것을 돌아보고, 평상시에도 덕을 반드시 굳게 가지며, 약속에는 반드시 신중하게 응하며, 착한 것을 보면 자기가 한 것처럼 기뻐하며, 악한 것을 보는 것을 자기 몸의 병처럼 여길지니, 오직 이 열네 가지 것을 내가 다 깊이 살피지 못하므로, 이것을 써서 앉은 자리 옆에 붙여놓고 아침저녁으로 보고서 경계를 삼느니라.

1. 歐陽脩가 좋은 글쓰기의 방법으로 제시한 三多에 해당되지 않는 것
은? (　　)

① 다독(多讀)　　② 다상량(多商量)　　③ 다작(多作)　　④ 다언(多言)

2. 적벽부에 나오는 "苟非吾之所有면 雖一毫而莫取라"는 구절은 '욕심이 없
는 마음'을 나타내고 있는데, 이와 반대의 뜻을 담고 있는 사자성어를
다음 보기에서 모두 고르시오. (　　　　　)

| 보기 | ① 得隴望蜀 : '농나라'를 친 이후 다시 '촉나라'를 치려했다는 말로 사람의 욕심은 끝이 없음을 이르는 말<br>② 以不貪爲寶 : 탐욕하지 않는 것을 보배로 여김<br>③ 貪多務得 : 욕심이 커서 많은 것을 탐냄<br>④ 谿鶴之慾 : 한없이 큰 욕심 |
| --- | --- |

3. 다음 한자의 독음(讀音)을 쓰시오.

① 協商(　　)　　② 非理(　　)　　③ 汽車(　　)

④ 逆風(　　)　　⑤ 退職(　　)　　⑥ 毒藥(　　)

⑦ 夫婦(　　)　　⑧ 救命(　　)　　⑨ 共助(　　)

⑩ 難民(　　)　　⑪ 表決(　　)　　⑫ 訪問(　　)

⑬ 明堂(　　)　　⑭ 景氣(　　)　　⑮ 外壓(　　)

1. 배운 내용을 근간으로 하여 다음의 漢詩를 감상해보자.

問余何事栖碧山
笑而不答心自閑
桃花流水杳然去
別有天地非人間


2. 다음의 내용을 외워 마음에 새기자.

言語必忠信 : 말은 반드시 충성스럽고 믿음이 가게 하라.

行事必誠敬 : 일을 행하는 것은 반드시 정성스럽고 공경되게 하라.

飮食必愼節 : 음식을 반드시 삼가고 절제 있게 하라.

字畫必精正 : 글자의 획은 반드시 정밀하고 바르게 하라.

容止必端嚴 : 용모와 행동은 반드시 단정하고 엄숙하게 하라.

衣冠必齊整 : 의관을 반드시 가지런하고 바르게 하라.

步履必安詳 : 걸음걸이를 반드시 편안하고 자상하게 하라.

居處必正靜 : 거처를 반드시 바르고 고요하게 하라.

作事必謀始 : 일을 행할 때는 반드시 처음을 꾀하는 것처럼 하라.

出言必顧行 : 말을 할 때는 반드시 행할 것을 돌아보고 하라.

常德必固持 : 평상시에도 덕을 반드시 굳게 가져라.

言約必重應 : 약속에는 반드시 신중하게 응하라.

見善如己出 : 착한 것을 보면 자기가 한 것처럼 기뻐하라.

見惡如己病 : 악한 것을 보면 자기 몸의 병처럼 여겨라.

# 附錄



## 1 주요 한자 숙어 및 고사성어 

街談巷設(가담항설) : 길거리나 사람들 사이에 떠도는 소문. 街談巷議(가담항의).

苛斂誅求(가렴주구) : 가혹하게 세금을 징수하고, 무리하게 재물을 빼앗음.

苛政猛於虎(가정맹어호) : 가혹한 정치는 호랑이보다 무섭다는 뜻.

刻骨難忘(각골난망) : 남에게 입은 은혜가 뼈에 깊이 새겨져 잊혀지지 아니함.

刻骨銘心(각골명심) : 마음속에 깊이 새겨서 잊지 아니함.

刻骨痛恨(각골통한) : 뼈에 사무치게 맺힌 원한.

角者無齒(각자무치) : 뿔이 있는 자는 이가 없다는 뜻으로, 한 사람이 모든 복을 누리지 못함을 이름.

刻舟求劍(각주구검) : 사람이 어리석어 융통성이 없고 세상일에 어두움을 비유한 말.

艱難辛苦(간난신고) : 몹시 힘이 들고 쓰라린 고생을 함. 갖은 고초를 다 겪음.

肝膽相照(간담상조) : 서로의 진심을 터놓고 사귐.

間於齊楚(간어제초) : 약자가 강자 틈에 끼여 괴로움을 받는 것을 뜻함.

"

奸(姦)慝(간특) : 간사하고 능청스럽게 둘러댐.

敢不生心(감불생심) : 감히 생각도 못함. 不敢生心(불감생심).

甘言利說(감언이설) : 남의 비위를 맞추기 위해 꾸민 달콤한 말과 이로운
　　　조건을 내세워 꾀는 말.

甘呑苦吐(감탄고토) : 달면 삼키고 쓰면 뱉는다는 뜻으로, 곧 사리의 옳고
　　　그름을 돌보지 않고 자기 비위에 맞으면 좋아하고, 맞지 아니하면
　　　싫어한다는 말.

甲男乙女(갑남을녀) : 평범한 사람들을 뜻함.

康衢煙月(강구연월) : 큰길거리에 보이는 평안한 풍경. 즉, 태평한 세월.

僵屍(강시) : 얼어 죽은 시체.

江湖煙波(강호연파) : ①강이나 호수 위에 안개처럼 뽀얗게 이는 잔물결.
　　　②대자연의 아름다운 풍경.

改過遷善(개과천선) : 과거의 잘못을 고치고 착하게 됨.

改竄(개찬) : 글의 글자, 구절 등을 고쳐 바로잡음.

去頭截尾(거두절미) : 머리와 꼬리를 잘라 버림. 즉, 앞뒤의 잔 사설은 빼놓
　　　고 요점만 말함.

居安思危(거안사위) : 편안할 때에도 앞으로 닥칠지 모를 위태로움을 늘
　　　생각하여 경계하고 삼가함.

去者日疎(거자일소) : 죽은 사람을 애석히 여기는 마음은 날이 갈수록 점점
　　　사라진다는 뜻으로, 서로 멀리 떨어져 있으면 사이가 멀어짐을
　　　이름.

車載斗量(거재두량) : 수레에 싣고 말로 된다는 뜻으로, 물건이 대단히 많음
　　　을 이름.

乾坤一擲(건곤일척) : 흥망을 걸고 단판으로 승부를 겨루는 것.

乾燥無味(건조무미) : 아무런 운치가 없음. 무미건조함.

乞兒得錦(걸아득금) : 거지가 비단을 얻음. 곧 분수에 맞지 않게 생긴 일을
　　　지나치게 자랑한다는 뜻.

隔世之感(격세지감) : 전과 비교하여 세상이 몹시 달라진 느낌.

隔靴搔癢(격화소양) : 신을 신은 채 발바닥을 긁는다는 뜻으로, 일의 효과를 나타내지 못함을 이름

牽强附會(견강부회) : 말을 억지로 끌어 붙여 자기의 주장이나 조건에 맞도록 함.

見利思義(견리사의) : 눈앞의 이익이 보일 때, 먼저 의리에 맞는가 안 맞는가를 생각하여야 함.

犬馬之勞(견마지로) : ①자기의 노력을 낮추어 하는 말. ②임금이나 나라에 충성을 다하는 노력을 일컬음.

見蚊拔劍(견문발검) : 모기를 보고 칼을 뺀다는 뜻으로, 하찮은 일에 너무 크게 허둥지둥 덤빔.

見物生心(견물생심) : 물건을 보면 욕심이 생긴다는 말.

堅如金石(견여금석) : 서로 맺은 맹세가 금석과 같이 굳음을 뜻함.

見危授命(견위수명) : 위급할 때에는 제 몸을 던지어 노력함. 見危致命(견위치명).

堅忍不拔(견인불발) : 굳게 참고 견디어 마음을 빼앗기지 아니함.

結者解之(결자해지) : 묶은 사람이 풀어야 한다는 뜻으로, 자기가 저지른 일은 자기가 해결을 하여야 한다는 뜻.

結草報恩(결초보은) : 죽어서도 은혜를 잊지 않고 갚는다는 뜻.

兼人之勇(겸인지용) : 능히 몇 사람을 당해낼 만한 용기.

箝制(겸제) : 자유를 속박함.

輕擧妄動(경거망동) : 경솔하고 망녕되게 행동함.

經國濟世(경국제세) : 나라를 잘 다스리어서 도탄에 빠진 백성을 구제함.

傾國之色(경국지색) : 임금이 홀딱 반하여 나라가 뒤집혀도 모를 만큼 뛰어난 미인이라는 뜻. 나라 안의 으뜸가는 미인.

耕當問奴(경당문노) : 농사짓는 일은 머슴에게 물어야 한다는 뜻으로, 모르는 일은 그 방면의 전문가에게 묻는 것이 옳다는 말.

耕山釣水(경산조수) : 산에 가서 밭을 갈고 물에 가서 낚시질을 한다는 뜻으
로, 속세를 떠나 자연을 벗해 지내는 한가로운 생활을 이름.

敬而遠之(경이원지) : 겉으로는 공경하는 체하면서 속으로는 멸시한다는 뜻.

輕佻浮薄(경조부박) : 마음이 침착하지 못하고 행동이 신중하지 못함.

經天緯地(경천위지) : 온 천하를 경륜하여 다스림.

鷄卵有骨(계란유골) : 달걀도 뼈가 있다는 뜻으로, 뜻밖의 장애물이 생김을
이르는 말.

鷄肋(계륵) : 닭의 갈비. ①그다지 가치는 없으나, 그렇다고 버리기도 아까
운 사물을 일컫는 말. ②몸이 몹시 연약함의 비유.

鷄鳴狗盜(계명구도) : 제(齊)나라 맹상군(孟嘗君)이 진(秦)나라 소왕(昭王)
에게 갇혔을 때, 개의 흉내를 내는 사람으로 하여금 도둑질하게
하고, 닭 우는 흉내를 내는 사람의 힘으로 함곡관(函谷關)을 빠져
나왔다는 고사(故事). 사대부(士大夫)가 취하지 아니하는 천한
기능(技能)을 가진 사람을 비유함.

呱呱之聲(고고지성) : ①아기가 세상에 처음 나오면서 우는 소리. ②젖먹이
의 우는 울음.

股肱之臣(고굉지신) : 자신의 팔다리같이 중하게 여기는 믿음직스러운
신하.

孤軍奮鬪(고군분투) : ①수적으로 적고 후원도 없는 외로운 군대가 대적하
기에 힘든 적과 싸움. ②홀로 여럿을 상대로 하여 싸움.

膏粱珍味(고량진미) : 기름진 고기와 좋은 곡식으로 만든 맛있는 음식.

高麗公事三日(고려공사삼일) : 우리나라 사람이 오래 참고 견디는 성질이
부족하여 정령(政令)을 금방 뜯어 고치는 것을 비꼰 말.

孤立無依(고립무의) : 외롭고 의지할 데가 없음.

枯木生花(고목생화) : 말라 죽은 나무에서 꽃이 피듯이, 곤궁한 사람이 행
운을 만나서 잘된 것을 이를 때 쓰는 말.

鼓腹擊壤(고복격양) : 중국 요(堯)임금 때, 한 노인이 배를 두드리고 땅을

치면서 요 임금의 덕을 찬양하고 태평을 즐긴 고사에서 유래된
말로, 태평 세월을 즐김.

**叩盆之痛**(고분지통) : 아내가 죽은 설움.

**孤城落日**(고성낙일) : 해 질 무렵의 먼 서쪽 지평선에 외딴 성이 보인다는
뜻으로, 도움이 없이 고립된 정상. 또는, 여명(餘命)이 얼마 남지
않은 쓸쓸한 심경을 비유하는 말.

**姑息之計**(고식지계) : 당장에 편안한 것만을 취하는 계책.

**孤掌難鳴**(고장난명) : 손바닥 하나로는 소리가 나지 않는다는 뜻으로, 혼자
힘으로는 일을 하기가 어려움을 비유하는 말. 또는, 상대자가 서
로 같으니까 말다툼이나 싸움이 된다는 뜻으로도 쓰임.

**苦盡甘來**(고진감래) : 고생 끝에 낙이 온다는 뜻

**古稀**(고희) : 두보의 시구인 '人生七十古來稀'에서 나온 말로, 일흔 살을
말함.

**曲學阿世**(곡학아세) : 그릇된 학문을 하여 세상에 아첨함.

**骨肉相爭**(골육상쟁) : 같은 혈족(血族)끼리 서로 싸움.

**空手來空手去**(공수래공수거) : 불교의 용어로, 세상에 빈 손으로 왔다가
빈 손으로 간다는 뜻.

**空中樓閣**(공중누각) : ①공중에 떠 있는 누각. 신기루(蜃氣樓). ②공상의
이론이나 문장. 沙上樓閣(사상누각).

**恐嚇**(공하) : 위협. 공갈.

**誇大妄想**(과대망상) : 지나치게 과장하여 사실처럼 믿는 터무니없는 생각.

**過猶不及**(과유불급) : 지나침은 미치지 못함과 같다는 뜻. 지나친 것이나
모자란 것이 다같이 좋지 않음.

**冠省**(관생) : 편지나 소개장 등의 첫머리에 쓰는 말로, 일기와 문안을 생략한
다는 뜻. 冠略(관략).

**管中之天**(관중지천) : 대통의 구멍으로 하늘을 본다는 말로, 소견이 좁음을
이름.

管鮑之交(관포지교) : 옛날 중국 제(齊)나라의 관중(管仲)과 포숙(鮑叔)처럼 친구 사이가 다정하고 허물없음을 이름.

刮目相對(괄목상대) : 눈을 비비고 다시 본다는 말로, 다른 사람의 학문이나 덕행이 크게 진보한 것을 말함.

矯角殺牛(교각살우) : 뿔을 바로잡으려다가 소를 죽인다는 뜻으로, 결점이나 흠을 고치려다가 수단이 지나쳐서 일을 그르치게 됨을 비유.

巧言令色(교언영색) : 남의 환심을 사려고 아첨하는 듣기 좋은 말과 보기 좋은 얼굴빛.

膠柱鼓瑟(교주고슬) : 고지식하여 융통성이 전혀 없음을 비유하는 말.

交淺言深(교천언심) : 사귄 지 얼마 안 되는 사람에게 자기 속을 털어 이야기하여 어리석다는 뜻.

教學相長(교학상장) : 남을 가르치거나 남에게 배우는 것이나 모두 나의 학업을 증진시킨다는 뜻.

九曲肝腸(구곡간장) : 굽이굽이 깊이 든 마음속. 깊은 마음속.

舊官名官(구관명관) : 무슨 일에든지 경험이 필요함을 나타내는 말.

狗尾續貂(구미속초) : 담비의 꼬리가 모자라 개꼬리로 잇는다는 뜻으로, 훌륭한 것에 하찮은 것이 뒤를 잇는다는 말. 또는, 벼슬을 함부로 주는 것을 이르는 말.

口蜜腹劍(구밀복검) : 겉으로는 친절한 듯하나 내심으로는 해칠 생각을 품고 있음을 비유한 말.

求福不回(구복불회) : 복을 구하는 데에 도리에 어긋나는 짓을 하지 아니함.

九死一生(구사일생) : 여러 번 죽을 위험을 넘기고 간신히 목숨을 건짐.

口尙乳臭(구상유취) : 입에서 아직 젖내가 난다는 뜻으로, 언행의 유치함을 비유한 말.

九世同居(구세동거) : 구대(九代)가 한 집안에서 산다는 뜻으로, 집안이 화목함을 이르는 말.

九十春光(구십춘광) : ①노인의 마음이 청년같이 젊음을 비유한 말. ②봄의

석 달 구십일 동안.

舊雨新雨(구우신우) : 구우(舊友)와 신우(新友). 오래 사귄 친구와 새로 사
    귄 친구.

九牛一毛(구우일모) : 많은 것 가운데서 극히 적은 것을 비유한 말.

求田問舍(구전문사) : 논밭과 집을 사려고 묻는다는 뜻으로, 자신의 이익에
    만 마음을 쓰고 나라의 큰일에는 무관심함을 이름.

九折羊腸(구철양장) : 양의 창자처럼 험하고 꼬불꼬불한 산길. 길이 매우
    험함.

群鷄一鶴(군계일학) : 닭 무리 속에 끼어 있는 한 마리의 학이란 뜻으로,
    평범한 사람 가운데서 뛰어난 사람을 일컬음.

群雄割據(군웅할거) : 여러 영웅이 제각기 지역을 차지하고 세력을 다투
    는 일.

君子三樂(군자삼락) : 군자의 세 가지 즐거움. 첫째, 부모가 살아 계시고,
    형제가 무고한 것. 둘째, 하늘과 사람에게 부끄러워 할 것이 없는
    것. 셋째, 천하의 영재(英才)를 얻어서 교육하는 것을 이름.

群策群力(군책군력) : 여러 사람이 지혜와 힘을 합함.

權謀術數(권모술수) : 권모와 술수. 목적을 위해서는 인정이나 도덕도 가리
    지 않고 권세와 모략과 중상 등 갖은 수단과 방법을 쓰는 술책.

權不十年(권불십년) : 아무리 높은 권세라도 십년을 유지하기 힘들다는 말.

勸善懲惡(권선징악) : 착한 일을 권장하고 나쁜 일을 벌함.

捲土重來(권토중래) : ①한 번 실패에 좌절하지 않고 몇 번이고 다시 일어
    남. ②세력을 회복하여 다시 쳐들어옴.

貴鵠賤鷄(귀곡천계) : 따오기를 귀히 여기고 닭을 천하게 여김. 곧, 먼 데
    것을 귀히 여기고 가까운 데 것을 천하게 여김을 일컬음.

克己復禮(극기복례) : 과도한 욕망을 억제하고 예절을 좇게 함.

近墨者黑(근묵자흑) : 먹을 가까이 하는 사람은 검어진다는 뜻으로, 나쁜
    사람과 사귀면 그 버릇에 물들기 쉽다는 말. 近朱者朱(근주자주).

金科玉條(금과옥조) : 금이나 옥과 같이 귀중히 여기어 신봉하는 법칙이나
　　　　규정.

金蘭之交(금란지교) : 지극히 친한 사이. 金蘭交(금란교).

錦上添花(금상첨화) : 좋고 아름다운 것에 더 좋은 것을 더한다는 뜻.

金石盟約(금석맹약) : 쇠와 돌같이 굳게 맺은 약속.

金城鐵壁(금성철벽) : ①방비가 아주 튼튼한 성. ②아주 견고한 사물의 비
　　　　유. 金城湯池(금성탕지).

琴瑟之樂(금슬지락) : 부부 사이의 화목한 즐거움. 琴瑟之樂(금실지락).

錦衣夜行(금의야행) : 비단 옷을 입고 밤에 다닌다는 뜻으로, 아무 효과
　　　　없는 행동을 비유한 말.

錦衣還鄉(금의환향) : 비단 옷을 입고 고향으로 돌아온다는 뜻으로, 타향(他
　　　　鄉)에서 크게 성공하여 자기 고향으로 돌아옴을 일컬음.

金枝玉葉(금지옥엽) : 임금의 자손이나 집안. 귀여운 자손을 일컫는 말.

氣高萬丈(기고만장) : 일이 뜻대로 잘 될 때에 기꺼워하거나, 또는 성을
　　　　낼 때에 그 기운이 펄펄 나는 모양.

起死回生(기사회생) : 중병으로 죽을 뻔 하다가 도로 살아나 회복함.

欺世盜名(기세도명) : 세상 사람을 속이고 헛된 이름을 드러냄.

杞憂(기우) : 쓸데없는 군걱정.

騎虎之勢(기호지세) : 범을 타고 달리는 듯한 기세. 곧, 중도에서 그만둘
　　　　수 없는 형세.

洛陽紙價貴(낙양지가귀) : 중국 진(晉)나라의 좌사(左思)가 「삼도부(三都
　　　　賦)」를 지었을 때, 낙양 사람들이 다투어 그 글을 베낀 까닭에
　　　　낙양의 종이 값이 갑자기 올랐다는 고사로, 책이 호평을 받아 매
　　　　우 잘 팔림을 이르는 말.

落花流水(낙화유수) : 떨어지는 꽃과 흐르는 물. 또는, 남녀 사이에 흐르는
　　　　정을 비유한 말.

爛商公論(난상공론) : 여러 사람이 모여 자세하게 의논함.

難兄難弟(난형난제) : 누구를 형이라 하고 아우라 할지 가리기 어렵다는
　　　　뜻으로, 옳고 그름이나 우열을 가리기가 어려울 때를 일컫는 말.

捏造(날조) : 근거 없는 일을 사실처럼 꾸밈.

南柯一夢(남가일몽) : 꿈과 같이 짧고 헛된 한때의 부귀영화를 일컬음.

南橘北枳(남귤북지) : 강남(江南)의 귤나무를 강북에 옮겨 심으면 탱자나무
　　　　로 변한다는 뜻으로, 곧 사는 곳의 환경에 따라 착하게도 되고
　　　　악하게도 된다는 말.

南大門入納(남대문입납) : 주소도 모르는 채 집을 찾거나, 또는 주소불명인
　　　　편지를 일컫는 말.

男負女戴(남부여대) : 남자는 지고 여자는 이고 간다는 뜻으로, 가난한 사람
　　　　이 떠돌아다니며 사는 것을 일컫는 말.

濫觴(남상) : 사물의 처음, 기원, 시작.

囊中之錐(낭중지추) : 주머니 속에 든 송곳과 같이 재주가 뛰어난 사람은
　　　　숨어 있어도 저절로 사람들이 알게 됨을 말함.

囊中取物(낭중취물) : 주머니 속의 물건을 꺼낸다는 뜻으로, 매우 쉬운 일을
　　　　비유한 말.

內憂外患(내우외환) : 나라 안팎의 근심 걱정.

老當益壯(노당익장) : 늙었어도 기운은 더욱 씩씩함.

路柳墻花(노류장화) : 길가의 버들과 담 밑의 꽃. 화류계 여성을 일컬음.

勞心焦思(노심초사) : 애를 쓰며 속을 태움.

綠陰芳草(녹음방초) : 푸른 나무 그늘과 향기로운 풀. 곧, 여름의 자연 경치
　　　　를 일컫는 말.

綠衣紅裳(녹의홍상) : 연두 저고리에 다홍치마. 즉, 곱게 치장한 젊은 여자
　　　　의 옷차림새.

弄假成眞(농가성진) : 장난 삼아 한 것이 진심으로 한 것같이 됨.

弄瓦之慶(농와지경) : 딸을 낳은 기쁨.

弄璋之慶(농장지경) : 아들을 낳은 기쁨.

累卵之勢(누란지세) : 알을 쌓아 놓은 듯한 형세. 곧, 매우 위태로운 형세.

能小能大(능소능대) : 작은 일, 큰 일에 모두 능함.

# ㄷ

多岐亡羊(다기망양) : 길이 여러 갈래로 나뉘어져 양을 잃었다는 뜻. ①학문
의 길이 너무 다방면으로 갈리어 진리를 얻기 어려움. ②방침이
많아서 도리어 어찌할 바를 모름. 亡羊之歎(망양지탄).

多多益善(다다익선) : 많으면 많을수록 더욱 좋다는 뜻.

端境期(단경기) : 철이 바뀌어 묵은 것 대신에 햇 것이 나오는 때.

斷金之交(단금지교) : 매우 우의가 두터운 친구간의 교분.

斷機之戒(단기지계) : 학문을 중도에서 그만두는 것은, 짜던 베를 칼로 끊는
것과 같이, 지금까지 들인 공이 물거품으로 돌아간다는 경계. 맹
자의 어머니가 짜던 베를 끊고 맹자를 훈계한 고사(故事)에서 나
온 말. 孟母斷機(맹모단기).

單刀直入(단도직입) : 문장이나 말의 요점을 바로 풀이하여 들어감.

簞食瓢飮(단사표음) : ①도시락 밥과 표주박 물. 즉, 간소한 음식을 이르는
말로, 소박한 살림을 뜻함. ②궁핍한 생활.

丹脣皓齒(단순호치) : 붉은 입술과 흰 이. 매우 아름다운 여자의 얼굴을
일컫는 말.

堂狗風月(당구풍월) : '서당 개 삼 년에 풍월한다'는 뜻으로, 무식한 자도
유식한 자와 같이 있으면 다소 감화를 받게 된다는 말.

螳螂拒轍(당랑거철) : 사마귀가 수레바퀴를 막으려 한다는 뜻으로, 제 힘에
겨운 일을 하려 덤비는 무모한 짓을 이름.

大器晩成(대기만성) : 큰 그릇은 늦게 만들어진다는 말로, 큰 사람은 늦게
　　　　이루어진다는 뜻.
大書特筆(대서특필) : 특히 드러나게 큰 글자로 적음.
大義名分(대의명분) : 사람이 마땅히 지켜야 할 큰 의리와 직분.
徒勞無功(도로무공) : 헛되이 수고만 하고, 공을 들인 보람이 없음.
掉尾(도미) : ①꼬리를 흔듦. ②마지막에 더욱 크게 활약함.
塗聽塗說(도청도설) : 길거리에 떠도는 뜬소문.
塗炭之苦(도탄지고) : 진흙탕이나 숯불에 빠진 듯한 고생. 몹시 곤궁함을
　　　　일컫는 말.
讀書百遍意自見(독서백편의자현) : 책을 되풀이하여 읽으면 뜻을 저절로
　　　　알게 된다는 뜻.
突不煙不生煙(돌불연불생연) : 아니 땐 굴뚝에 연기 날까? 곧, 어떤 소문이
　　　　든지 반드시 그런 소문이 날 만한 원인이 있다는 뜻.
東家食西家宿(동가식서가숙) : 거처 없이 떠도는 사람. 또는, 그런 짓.
同價紅裳(동가홍상) : 같은 값이면 다홍치마. 이왕이면 좋은 것을 택한다
　　　　는 뜻.
東問西答(동문서답) : 묻는 말에 대하여 전혀 엉뚱한 소리로 대답함.
同病相憐(동병상련) : 같은 병을 앓는 사람끼리 서로 가엾게 여김. 어려운
　　　　처지에 놓인 사람끼리 서로 동정하고 도움.
東奔西走(동분서주) : 사방으로 바삐 돌아다님.
同床異夢(동상이몽) : 같은 처지에서 서로 다른 생각을 가짐.
杜門不出(두문불출) : 집에만 들어 앉아 바깥출입을 하지 않음.
杜撰(두찬) : 틀린 곳이 많고 전거(典據)가 확실하지 않은 저술.
得隴望蜀(득롱망촉) : 중국 위(魏)나라의 사마의가 농(隴)을 정복한 뒤 다시
　　　　촉(蜀)나라를 치려했다는 데서 나온 말로, 끝없는 욕심을 말함.
登龍門(등용문) : 황화상류에 있는 용문(龍門)의 급류를 잉어가 오르면 용이
　　　　된다는 고사에서 나온 말로, 출세할 수 있는 관문을 뜻함.

燈下不明(등하불명) : 등잔 밑이 어둡다는 뜻으로, 가까이 있는 것이 오히려
　　　알아내기 어려움을 일컫는 말.
燈火可親(등화가친) : 가을 밤은 등불을 가까이 하여 글 읽기에 좋다는 뜻.

ㅁ

馬耳東風(마이동풍) : 남의 말을 귀담아 듣지 않고 흘려보내는 것을 일컬음.
馬行處牛亦去(마행처우역거) : 말 가는 데 소도 간다. 곧, 약간의 차이는
　　　있을 수 있으나, 한 사람이 하는 일이라면 다른 사람도 노력만
　　　하면 할 수 있다는 뜻.
莫上莫下(막상막하) : 실력이 비슷한 상태.
莫逆之友(막역지우) : 매우 친한 벗.
萬頃蒼波(만경창파) : 한없이 넓고 푸른 바다.
萬古風霜(만고풍상) : 사는 동안에 겪은 갖가지 고생.
晩時之歎(만시지탄) : 기회를 놓친 탄식.
滿身瘡痍(만신창이) : ①온몸이 상처투성이가 됨. ②사물이 성한 곳이 없을
　　　정도로 결함이 많음.
萬化方暢(만화방창) : 따뜻한 봄날에 만물이 나서 자라남.
亡羊補牢(망양보뢰) : ‘소 잃고 외양간 고친다’. 곧, 일이 이미 다 틀린 뒤에
　　　때늦게 계책을 마련한다는 뜻.
亡子計齒(망자계치) : 죽은 자식 나이 세기. 이미 허사가 된 일을 생각하며
　　　애석해한다는 뜻.
妄自尊大(망자존대) : 종작없이 함부로 제가 잘난 체함.
埋骨不埋名(매골불매명) : 몸은 죽어 뼈를 묻지만, 그 이름은 영구히 전해짐
　　　을 이름.
孟母三遷(맹모삼천) : 맹자의 어머니가 세 번 이사를 하여 맹자를 교육시킨
　　　고사(故事). 처음에 공동 묘지 근방에 살았는데 맹자가 장사지내

는 흉내를 내므로 장거리로 옮겼더니, 이번에는 물건 파는 흉내를
내어 또다시 글방 있는 근처로 옮겼다고 함. 三遷之敎(삼천지교).

盲者丹靑(맹자단청) : 장님 단청 구경하기. 사물을 감정할 능력이 없이 보는
것을 이르는 말.

面從後言(면종후언) : 보는 앞에서는 복종을 하고 돌아서서는 욕함. 面從腹
背(면종복배).

明鏡止水(명경지수) : 맑은 거울과 잠잠한 물이란 뜻으로, 맑고 고요한 심경
을 이름.

明眸皓齒(명모호치) : 눈동자가 맑고 이가 희다는 뜻으로, 미인의 아름다움
을 형용하는 말.

名實相符(명실상부) : 명성과 실상이 서로 들어맞음.

明若觀火(명약관화) : 불을 보듯이 환하고 분명히 알 수 있음.

命在頃刻(명재경각) : 금방 숨이 끊어지게 될 정도로 목숨이 위태로움.

明哲保身(명철보신) : 총명하고 사리에 밝게 일을 처리하여 몸을 보전함.

目不識丁(목불식정) : 눈으로 보고도 ‘丁’자도 모름. 곧, ‘낫 놓고 ㄱ자도
모름’.

目不忍見(목불인견) : 차마 눈뜨고 볼 수 없는 참상이나 꼴불견.

沐猴而冠(목후이관) : 원숭이에게 목욕시켜 관을 씌운 것과 같다는 뜻으로,
겉차림은 갖추었으나 속과 행동은 천박하게 구는 사람.

無故作散(무고작산) : 아무 까닭 없이 벼슬을 빼앗음.

武陵桃源(무릉도원) : 신선이 살았다는 전설적인 중국의 명승지. 곧, 속세
에 없는 별천지를 뜻함.

無所不知(무소부지) : 모르는 것이 없음.

無依無托(무의무탁) : 의지하고 의탁할 곳 없이 외롭고 궁핍함.

無足之言飛千里(무족지언비천리) : ‘발없는 말이 천리 간다’는 뜻으로, 비
밀로 한 말도 잘 퍼지니 조심하라는 말.

無虎洞中狸作虎(무호동중이작호) : 범 없는 고을에 너구리가 범 노릇을 한

다. 곧, 뛰어난 사람이 없는 곳에서 되지 못한 자가 최고라고 뻐기
는 형태를 이름.

刎頸之友(문경지우) : 생사를 같이할 만큼 친한 친구.

文房四友(문방사우) : 서재에 꼭 있어야 할 네 가지 도구를 비유. 즉, 종이
·붓·벼루·먹을 이름.

門外漢(문외한) : ①어떤 일에 직접 관계가 없는 사람. ②그 일에 지식이
없는 사람.

門前成市(문전성시) : 권세가 높아지거나 부자가 되어 집 문 앞이 찾아오는
손님들로 붐벼 마치 시장을 이룬 것 같음.

門前沃畓(문전옥답) : 집 앞 가까이에 있는 좋은 논. 실속 있는 재산을 일컫
는 말.

聞則病不聞則藥(문즉병불문즉약) : 들으면 병이요, 안 들으면 약이라는 뜻.
들어서 걱정거리가 될 말은 애당초에 듣지 않느니만 못하다는 말
을 일컬음.

物各有主(물각유주) : 물건마다 제각기 임자가 있다는 뜻.

勿失好機(물실호기) : 좋은 기회를 놓치지 않음.

物心一如(물심일여) : 마음과 물체가 구분됨이 없이 하나로 일치된 상태를
가리킴.

物我一體(물아일체) : 외물(外物)과 자아(自我) 또는 주관과 객관이 하나가
됨. 나와 남의 구별이 없음.

物外閒人(물외한인) : 세상사의 시끄러움에서 벗어나 한가롭게 지내는
사람.

微官末職(미관말직) : 지위가 아주 낮은 벼슬.

尾大不掉(미대부도) : 꼬리가 너무 커서 흔들지 못한다는 뜻으로, 일이 너무
크게 벌어져서 해결하기가 힘듦을 비유. 尾大難掉(미대난도).

米糧魚鹽(미량어염) : 양식, 소금, 생선 등 일상생활에 필요한 필수품이
란 뜻.

尾生之信(미생지신) : 옛날에 미생이란 사람이 다리 밑에서 만나자는 여자
　　와의 약속을 지키기 위해 큰 비가 와 물이 불어도 피하지 않고
　　기다리다가 마침내 다리의 기둥을 껴안고 익사하였다는 고사(故
　　事). 약속을 굳게 지키고 변하지 아니함. 또는, 우직(愚直)하여
　　융통성이 없음을 이르는 말로 쓰임.

## ㅂ

博而不精(박이부정) : 폭넓게 알지만 정확하지는 못하다는 뜻.

拍掌大笑(박장대소) : 손뼉을 치면서 크게 웃음.

反目嫉視(반목질시) : 서로 미워하고 질투하는 눈으로 바라봄. 白眼視(백
　　안시).

叛服無常(반복무상) : 배반했다 복종했다 하여 그 태도가 한결같지 않음.

拔本塞源(발본색원) : 폐단의 근원을 아주 뽑아서 없애 버림.

發憤忘食(발분망식) : 분발하여 먹는 것을 잊음. 끼니를 거를 정도로 열심히
　　하는 것을 말함.

拔山蓋世(발산개세) : 힘은 산을 뽑고 기세는 세상을 덮음. 곧, 기력이 웅대
　　함을 비유한 말. 力拔山氣蓋世(역발산기개세).

傍若無人(방약무인) : 좌우에 사람이 없는 것처럼 언행이 방자하고 제멋대
　　로 행동함.

背水之陣(배수지진) : 한(漢)나라의 한신(韓信)이 물을 등지고 진을 친 고사
　　(故事). 위험을 무릅쓰고 전력을 다하여 일의 성패를 다투는 경우
　　를 비유.

背恩忘德(배은망덕) : 남에게 입은 은덕을 잊고 배반함.

白骨難忘(백골난망) : 죽어서도 은혜를 잊지 못함.

百年佳約(백년가약) : 젊은 남녀가 결혼하여 한평생을 아름답게 지내자는
　　언약.

百年河淸(백년하청) : 아무리 시간이 지나도 일이 해결될 희망이 없다는 뜻.

百年偕老(백년해로) : 부부가 화락하게 일생을 함께 늙음.

白面書生(백면서생) : 글에만 열중하고 세상일에 어두운 사람.

白眉(백미) : 중국 촉(蜀)나라의 마씨(馬氏)다섯 형제 중, 눈썹 속에 흰 털이 있는 장형마양(馬良)이 가장 뛰어났다는 고사. 곧, 여럿 가운데서 가장 뛰어난 사람을 일컬음.

伯牙絕絃(백아절현) : 자기를 알아주는 참다운 벗의 죽음을 슬퍼함을 이름. 백아(伯牙)는 거문고를 잘 타고 종자기(鍾子期)는 이 거문고 소리를 잘 들었는데, 종자기가 죽은 뒤 백아는 절망한 나머지 자기의 거문고 소리를 들을 만한 사람이 없다 하여 거문고 줄을 끊어 버리고 다시는 거문고를 타지 않았다는 고사에서 나온 말.

白衣從軍(백의종군) : 벼슬 없이 군대를 따라 전쟁터로 나감.

百戰百勝(백전백승) : 싸울 때마다 모조리 이김.

百折不屈(백절불굴) : 아무리 꺾어도 굽히지 않음

伯仲之勢(백중지세) : 우열(優劣)의 차이가 없는 비슷한 상태를 일컫는 말.

百尺竿頭(백척간두) : 백 척 높이의 장대의 끝. 헤어날 수 없는 위험이나 곤란에 빠진 상태를 비유.

百八煩惱(백팔번뇌) : 불교에서 나온 말로, 인간의 과거·현재·미래에 걸친 108가지 번뇌를 말함.

繁文縟禮(번문욕례) : 번거롭게 형식만 차리어 까다로운 예문(禮文).

法久弊生(법구폐생) : 좋은 법도 오래 되면 폐단이 생김.

變化難測(변화난측) : 변화가 많아 헤아리기 어려움.

父傳子傳(부전자전) : 대대로 아버지에서 아들에게 전해짐.

夫唱婦隨(부창부수) : 남편의 주장에 아내가 따름.

附和雷同(부화뇌동) : 일정한 견식이 없이 남의 말에 이유 없이 찬성하여 같이 행동함. 제 주견이 없이 남이 하는 대로 그저 무턱대고 따라 함.

北門之嘆(북문지탄) : 벼슬을 하였지만 뜻대로 이루지 못하여 그 곤궁함을 한탄함.

北窓三友(북창삼우) : 거문고[琴], 술[酒], 시[詩]를 일컬음.

粉骨碎身(분골쇄신) : 뼈가 가루가 되고 몸이 부서지도록 힘껏 일하는 것.

憤氣衝天(분기충천) : 분한 마음이 하늘에 솟구치듯 대단함. 즉, 몹시 분하다는 뜻.

焚書坑儒(분서갱유) : 중국의 진시황이 모든 서적을 불태우고 많은 유학자를 구덩이에 묻어 죽인 일.

不可思議(불가사의) : 사람의 생각으로는 헤아릴 수 없는 이상하고 야릇한 것.

不刊之書(불간지서) : 영구히 전하여 없어지지 않는 양서(良書). 불후(不朽)의 책.

不顧廉恥(불고염치) : 체면과 부끄러움을 돌보지 않음.

不共戴天之讎(불공대천지수) : 이 세상에서 같이 살 수 없을 정도로 큰 원수.

不攻自破(불공자파) : 치지 않아도 저절로 깨어짐.

不毛之地(불모지지) : 식물이 자라지 못하는 거친 땅.

不問可知(불문가지) : 묻지 않아도 알 수 있음.

不問曲直(불문곡직) : 옳고 그름을 묻지 않음.

不世之雄(불세지웅) : 세상에 흔치 않은 영웅.

不世之才(불세지재) : 세상에서 보기 드문 큰 재주.

不言之化(불언지화) : 말로 하지 않고 덕으로 주는 감화.

不撓不屈(불요불굴) : 결심이 흔들리거나, 굽히지 않음.

不撤晝夜(불철주야) : 밤낮을 가리지 아니함. 조금도 쉬지 않고 일에 힘쓰는 모양.

不恥下問(불치하문) : 자기보다 못한 사람에게 묻는 것을 부끄러워하지 않음.

不偏不黨(불편부당) : 어느 편으로도 치우치지 않은 공평한 태도.

不惑之年(불혹지년) : 불혹의 나이. 곧, 마흔살.

非夢似夢間(비몽사몽간) : 꿈인지 생시인지 구별할 수 없는 어렴풋한 동안.

比比有之(비비유지) : 흔히 있음.

髀肉之嘆(비육지탄) : 오랫동안 말을 타고 전쟁에 나가지 않아 넓적다리에
　　　　　살이 찜을 탄식. 곧, 재능을 발휘할 기회를 얻지 못하여 헛되이
　　　　　세월만 보내는 것을 탄식한다는 뜻.

憑公營私(빙공영사) : 공적인 일을 빙자하여 사리(私利)를 추구함.

氷炭不相容(빙탄불상용) : 얼음과 숯은 서로 용납되지 아니함. 사물이 서로
　　　　　어울리기 힘듦을 일컫는 말.

四顧無親(사고무친) : 친척이 없어 의지할 곳이 없음.

士氣衝天(사기충천) : 용기가 하늘을 찌를 듯이 높음.

士農工商(사농공상) : 선비·농부·공장(工匠)·상인 등 모든 계급의 백 성.
　　　　　유교의 계급관념을 순서대로 일컫는 말.

四面楚歌(사면초가) : 완전히 고립되는 곤경에 빠져 있음을 일컫는 말.

四面春風(사연춘풍) : 누구에게나 다 모나지 않게 행동하는 일. 또는, 그런
　　　　　사람.

沙上樓閣(사상누각) : 모래 위에 세운 다락집. 기초가 약하여 자빠질 염려가
　　　　　있거나 오래 유지하지 못하는 일.

捨生取義(사생취의) : 목숨을 버려서라도 의를 좇음.

私淑(사숙) : 직접 가르침을 받지는 않았으나, 마음속으로 그 사람을 본받아
　　　　　서 도와 학문을 익힘.

四夷八蠻(사이팔만) : 옛날 중국에서 다른 나라나 민족들을 모두 미개한
　　　　　야만인으로 여기어 이르던 말. 사면 팔방의 오랑캐들.

獅子吼(사자후) : 사자의 용맹스러운 울음. ①열변을 토하는 연설의 비유.
　　　②질투 많은 여자가 남편에게 암팡스럽게 떠듦을 비유.

蛇足(사족) : 畫蛇添足(화사첨족)의 준말. 뱀을 그리는데 실물에는 없는 발
　　　을 그려 넣어서 원래 모양과 다르게 되었다는 뜻으로, 쓸데없는
　　　군일을 하다가 도리어 실패함을 비유.

事必歸正(사필귀정) : 모든 일은 반드시 바른 데로 돌아간다는 뜻.

死後藥方文(사후약방문) : 죽은 뒤에 약을 구한다는 뜻으로, 때를 이미 놓친
　　　후에 소용없는 애를 씀을 비유한 말.

山高水長(산고수장) : ①산은 높이 솟아 있고 물은 길게 흐름. 곧, 높은 산
　　　깊은 골짜기의 아름다운 자연을 말함. ②군자의 덕이 뛰어남을
　　　산이 높이 솟고 물이 길게 흐름에 비유한 말.

山紫水明(산자수명) : 산수의 경치가 썩 좋음.

山戰水戰(산전수천) : 산에서의 싸움과 물에서의 싸움을 다 겪었다는 말.
　　　곧, 험한 세상의 이런 일 저런 일을 모두 겪어 경험이 많음을 이름.

山海珍味(산해진미) : 산과 바다의 산물(産物)을 다 갖추어 잘 차린 귀한
　　　음식.

殺身成仁(살신성인) : 자신의 몸을 희생하여 어짊의 도리를 성취함.

三顧草廬(삼고초려) : 유비가 제갈공명을 세 번이나 찾아 가 설복시켜 군사
　　　(軍師)로 초빙한 데서 나온 말.

森羅萬象(삼라만상) : 우주 안에서 벌여 있는 수많은 현상.

三昧(삼매) : 잡념을 버리고 오직 한 가지 일에만 정신을 쏟는 일심불란(一心
　　　不亂)의 경지. 三昧境(삼매경).

三不去(삼불거) : 칠거(七去)의 이유가 있는 아내라도 쫓아내지 못하는 세
　　　가지 경우로, 곧 부모의 삼년상을 마친 경우와, 결혼할 때 가난하
　　　다가 뒤에 부귀하게 된 경우, 보내도 갈 곳이 없는 경우를 일컬음.

三省吾身(삼성오신) : 매일 세 번씩 자신이 한 일을 반성함. 또는, 매일 충
　　　(忠;성심 성의를 다함)·신(信;신의를 지킴)·전(傳;전수〈傳授〉

함)에 대하여 제대로 지키고 있는 가를 반성함.

三十六計(삼십육계) : 몸을 안전하게 하기 위해서는 도망쳐야 할 때 도망치
는 것이 최선책이란 뜻.

三旬九食(삼순구식) : 30일 중 아홉 끼니밖에 먹지 못한다는 뜻으로, 몹시
가난함을 이르는 말.

三人成虎(삼인성호) : 거리에 범이 없다 하더라도 세 사람이 거리에 범이
있다고 우기면 곧이 듣는다는 뜻으로, 허황된 말도 이야기하는
사람이 많으면 자연히 믿게 됨을 비유한 말. 三人成市虎(삼인성
시호).

喪家之狗(상가지구) : 상갓집 개. 상가에서는 개를 돌볼 틈이 없으므로 개가
제대로 먹지 못하여 몹시 여위고 힘없는 것을 그런 모습을 한 사람
에 빗대어 하는 말.

傷弓之鳥(상궁지조) : 활에 한번 맞아 다친 새는 활만 보면 깜짝 놀란다
는 뜻으로, 먼저 한 번 당한 일에 겁을 집어먹는 사람을 비유하
는 말.

桑田碧海(상전벽해) : 뽕나무 밭이 변하여 푸른 바다가 된다는 뜻으로, 세상
일의 변천 이 심하여 사물이 바뀜을 비유.

上濁下不淨(상탁하부정) : '윗물이 맑아야 아랫물이 맑다.'는 뜻으로, 윗사
람이 바르지 못하면 아랫사람도 그것을 본받아 행실이 바르지 못
함을 이름.

上行下效(상행하효) : 윗사람의 언행을 아랫사람이 본받음.

塞翁之馬(새옹지마) : 인간의 길흉화복(吉凶禍福)은 서로 순환되어 뚜렷이
정해진 바가 없음을 일컬음. 변방에 살던 어떤 노인이 자기가 기
르던 말로 인하여 화(禍)가 복이 되고 복이 화가 되었다는 고사에
서 나온 말.

生殺與奪(생살여탈) : 살리고 죽이고, 주고 빼앗음. 곧 대단한 권세를 일
컬음.

**生者必滅**(생자필멸) : 생명이 있는 것은 반드시 죽는다는 불교의 용어로,
회자정리(會者定離)와 대를 이루는 말

**先見之明**(선견지명) : 앞일을 미리 보아 짐작할 수 있는 총명함.

**先從隗始**(선종외시) : 중국 연나라의 소왕(昭王)이 곽외(郭隗)에게 훌륭한
인물을 얻는 방법을 물었을 때, 먼저 자기부터 우대를 하면 자기
보다 더 뛰어난 사람들이 구름같이 모여들 것이라고 말했다는 고
사에서 비롯한 말. 인재를 얻으려면 먼저 어리석은 사람부터 우대
하라는 뜻. 千金買骨(천금매골).

**仙風道骨**(선풍도골) : 신선의 풍채와 도인(道人)의 골격(骨格)이라는 뜻으
로, 고상한 풍채를 이르는 말.

**雪上加霜**(설상가상) : 눈 위에 서리가 덮인다는 뜻으로, 불행이 겹친 것을
말함.

**說往說來**(설왕설래) : 서로 주장을 주고받으며 옥신각신하는 것.

**纖纖玉手**(섬섬옥수) : 가냘프고 고운 여자의 손.

**城狐社鼠**(성호사서) : 몸을 안전한 곳에 두고 나쁜 짓을 하는 사람으로,
임금 곁에 있는 간신(姦臣)을 두고 한 말.

**歲寒松柏**(세한송백) : 소나무와 측백나무는 겨울에도 변색되지 않는다는
말로, 군자는 역경에 처하여도 절의(節義)를 굽히지 않는다는 것
을 비유.

**所願成就**(소원성취) : 원하던 것을 이룸.

**騷人**(소인) : 시인(詩人)과 문인(文人). 騷客(소객).

**束手無策**(속수무책) : 손이 묶이어 아무 계책이 없음. 해결할 방법이 없어
꼼짝할 수 없음을 비유.

**送舊迎新**(송구영신) : 묵은 해를 보내고 새 해를 맞음.

**宋襄之仁**(송양지인) : 송나라의 양공(襄公)이 초나라와 싸울 때 그 아들 목
이(目夷)가, 적이 아직 진지를 구축하기 전에 공격 하자는 진언에
대하여 군자는 남이 어려울 때를 이용해 괴롭혀서는 안 된다 하여

정당하게 싸웠으나 도리어 패했다는 고사에서 비롯한 말. 너무
착하기만 하고 수단을 쓸 줄 모르는 사람을 이름.

首邱初心(수구초심) : 여우가 죽을 때에는 살던 굴이 있는 쪽으로 머리를
두고 죽는다는 데서 나온 말. 고향을 그리워하는 마음을 비유
한 말.

壽福康寧(수복강녕) : 오래 살고 행복하며 건강하고 편안함.

手不釋卷(수불석권) : 손에서 책을 떼지 않고 열심히 공부함.

首鼠兩端(수서양단) : 쥐가 의심이 많아 구멍에서 머리를 조금 내밀고 이리
저리 살피는 일. ①어찌할 바를 몰라 결단을 내리지 못하는 상태.
②두 가지 마음을 품는 일.

漱石枕流(수석침류) : 진나라 손초(孫楚)가 '돌을 베개로 하고 냇물로 양치
질함'이란 말인 沈石枕流를 착각하여 漱石沈流(돌로 양치질하고
흐름을 베개로 함)로 말해 버렸으나 이를 고치지 않고, '이를 단단
하게 하고 귀를 씻기 위해'라는 뜻으로 한 말이라고 고집하였다는
고사에서 비롯한 말. 곧, 고집이 샘을 이르는 말. 자연을 벗하여
사는 생활 취미를 가리키는 뜻으로도 쓰임.

袖手傍觀(수수방관) : 팔짱을 끼고 보고만 있다는 뜻으로, 어떤 일을 당해도
옆에서 보고만 있는 것.

首陽山陰江東八十里(수양산음강동팔십리) : 수양산 그늘이 강동 八十리까
지 뻗친다는 뜻으로, 어떤 사람이 잘 되면 친척이나 친구들까지
그 덕을 입는다는 의미.

水魚之交(수어지교) : 물과 물고기의 사이처럼, 떨어질 수 없는 특별한 관계
를 이름.

誰怨誰咎(수원수구) : 남을 원망하거나 꾸짖을 필요가 없다는 뜻.

守義枯槁(수의고고) : 의리를 지킴으로 해서 당하는 여읨.

守株待兎(수주대토) : 토끼가 나무 그루터기에 부딪쳐 죽기를 기다렸다는
고사에서 유래한말로, 구습(舊習)에 젖어 시대의 변천을 모름을

이름.

**誰知烏之雌雄**(수지오치자웅) : '누가 까마귀의 암수를 알랴?' 곧, 두 사람의
　　옳고 그름을 판단하기 어렵다는 뜻.

**脣亡齒寒**(순망치한) : 입술이 없으면 이가 시린 것처럼, 서로 돕던 사람이
　　망하면 다른 한쪽 사람도 함께 위험하다는 뜻.

**升堂入室**(승당입실) : 마루에 올라와 방으로 들어온다는 말로, 학문이 차츰
　　깊어짐을 비유하는 말.

**升斗之利**(승두지리) : 한 되, 한 말의 이익. 곧, 대수롭지 않은 이익.

**昇天入地**(송천입지) : 하늘로 오르고 땅으로 들어감. 자취를 감춤.

**是是非非**(시시비비) : 갖가지 잘잘못. 또는, 옳고 그름을 가리는 일.

**尸位素餐**(시위소찬) : 직무를 다하지 못하면서 자리만 차지하고 녹을 받
　　는 일.

**始終一貫**(시종일관) : 처음부터 끝까지 한결같이 밀고 나감. 始終如一(시종
　　여일).

**待下**(시하) : 부모나 조부모를 모시고 사는 사람.

**食少事煩**(식소사번) : 먹을 것은 적고 할 일은 많음. 소득은 적은데 일만
　　번잡함.

**食言**(식언) : 앞서 한 말 또는 약속한 말과 다르게 말함. 違約(위약).

**識字憂患**(식자우환) : 글을 아는 것이 도리어 근심거리가 된다는 것을 일
　　컬음.

**信賞必罰**(신상필벌) : 한 일에 따라 상벌을 공정하고 엄중하게 하는 일.

**身言書判**(신언서판) : 사람됨을 판단하는 네 가지 기준으로, 곧 신수(身手)
　　와 말씨와 문필과 판단력을 가리킴.

**新情不如舊情**(신정불여구정) : 새로 사귄 정이 옛 정보다 못하다는 말로,
　　옛 정이 새로 사귄 정보다 낫다는 뜻.

**神出鬼沒**(신출귀몰) : 귀신과 같이 홀연히 나타났다가 사라짐. 자유자재로
　　출몰하여 그 변화를 알 수 없는 일.

深思熟考(심사숙고) : 깊이 생각함. 곧, 신중을 기하여 곰곰이 생각함을
　　　　　　　　의미.

十年知己(십년지기) : 오래 전부터 사귀어 온 친구.

十盲一杖(십맹일장) : 소경 열 명에 지팡이 하나. 곧, 여러 사람에게 다 같이
　　　　　　　　긴요하게 쓰이는 물건을 가리키는 말.

十目所視(십목소시) : 열 눈이 보는 바와 같음. 곧, 세상 사람을 속일 수
　　　　　　　　없음을 가리키는 말.

十匙一飯(십시일반) : 열 술이면 한 끼의 밥이 된다는 뜻. 곧, 여러 사람이
　　　　　　　　힘을 합하면 한 사람을 구원할 수 있다는 말.

十日之菊(십일지국) : 국화는 9월 9일이 절정이므로 10일에는 이미 때가
　　　　　　　　늦었다는 말.

十顚九倒(십전구도) : 갖가지 고생을 겪음. 칠전팔도(七顚八倒).


阿鼻叫喚(아비규환) : 많은 사람이 지옥 같은 고통을 못 이겨 부르짖는 소
　　　　　　　　리. 심한 참상을 형용하는 말.

阿諛苟容(아유구용) : 남에게 아첨하여 구차하게 굶.

我田引水(아전인수) : 자기 논에 물 대기. 곧, 자기에게만 유리하도록 함.

眼高手卑(안고수비) : 눈은 높으나 손은 낮음. 곧, 이상은 높지만 실천을
　　　　　　　　하지 못함을 이르는 말.

安貧樂道(안빈낙도) : 가난한 가운데서도 편안한 마음으로 도(道)를 즐김.

眼下無人(안하무인) : 교만하여 사람들을 업신여김.

暗中摸索(암중모색) : 물건을 어둠 속에서 더듬어 찾음. 즉, 확실한 근거
　　　　　　　　없이 일을 추측함.

愛人如己(애인여기) : 남을 자기와 같이 사랑함.

藥房甘草(약방감초) : 약방에 감초. 무슨 일에나 빠지지 않고 끼는 사람이나

물건. 한약을 짓는데 감초가 빠지지 않는 것처럼 반드시 끼이는
　　것을 말함.

**弱肉强食**(약육강식) : 약한 자는 강한 자에게 먹힘.

**羊頭狗肉**(양두구육) : 양의 머리를 내걸고 개고기를 판다는 뜻으로, 겉모양
　　은 훌륭하나 속은 변변치 못한 것을 일컬음.

**梁上君子**(양상군자) : 들보 위에 숨어 있는 군자라는 뜻으로, 도둑을 미화
　　(美化)한 말.

**兩手執餠**(양수집병) : 두 손에 떡을 쥔 격으로, 가지기도 어렵고 버리기도
　　힘든 경우를 일컬음.

**兩者擇一**(양자택일) : 두 사람 또는 두 물건 중에서 하나를 선택함.

**陽地陰地**(양지음지) : 좋은 일이 있으면 좋지 못한 일도 있음. 행복하다가도
　　불행한 일이 생긴다는 뜻.

**養虎遺患**(양호유환) : 범을 길러 근심거리를 만듦. 곧, 화근을 남겨 걱정거
　　리를 만든다는 뜻.

**魚頭肉尾**(어두육미) : 물고기는 머리, 짐승은 꼬리 부분이 맛이 좋다는 뜻.

**魚魯不辨**(어로불변) : '魚'자와 '魯'자를 분별하지 못함. 곧, 매우 무식함을
　　비유한 말.

**漁夫之利**(어부지리) : 도요새가 조개를 쪼아 먹으려다가 물리어 서로 다투
　　고 있을 때, 어부가 와서 둘을 다 잡았다는 고사에서 나온 말로,
　　두 사람이 서로 이익을 위하여 다투고 있을 때, 제삼자가 그 이익
　　을 가로채 가는 것을 말함.

**語不成說**(어불성설) : 말이 이치에 맞지 않음.

**抑强扶弱**(억강부약) : 강한 자를 누르고 약한 자를 도움.

**億兆蒼生**(억조창생) : 수많은 백성. 수많은 세상 사람.

**言中有骨**(언중유골) : 말 속에 뼈가 있음. 평범한 말 속에 깊은 속뜻이 들어
　　있음을 이름. 言中有言(언중유언).

**言則是也**(언즉시야) : 말인즉 이치가 맞음. 하기야 그 말이 옳다는 뜻.

如履薄氷(여리박빙) : 살얼음을 밟는 것과 같음. 극히 위험한 행동을 이름.

與民同樂(여민동락) : 백성과 더불어 즐김.

與世推移(여세추이) : 세상 변화하는 대로 따름. 與世浮沈(여세부침).

如出一口(여출일구) : 한 입에서 나온 것처럼 여러 사람의 말이 같음.

易地思之(역지사지) : 처지를 바꾸어서 생각함.

緣木求魚(연목구어) : 나무에 올라가서 고기를 잡는다는 뜻으로, 도저히
　　　　　　　　불가능한 일을 굳이 하려 함을 비유.

念念不忘(염념불망) : 자꾸 생각되어 잊지 못함.

榮枯盛衰(영고성쇠) : 성함과 쇠함. 개인이나 사회 등의 발전과 쇠퇴가 일정
　　　　　　　　하지 않음.

囹圄(영어) : 감옥, 교도소.

五里霧中(오리무중) : 짙은 안개 속에서 길을 찾기 어려운 것처럼 무슨 일에
　　　　　　　　대하여 알 길이 없거나 마음을 잡지 못하여 허둥지둥함을 이름.

傲慢無道(오만무도) : 태도나 행동이 건방지고 버릇이 없음.

寤寐不忘(오매불망) : 자나 깨나 잊지 못함.

吾鼻三尺(오비삼척) : 내 코가 석자. 자신의 처지가 어려워 남의 어려운
　　　　　　　　사정을 돌볼 겨를이 없다는 뜻.

烏飛梨落(오비이락) : ‘까마귀 날자 배 떨어지라’는 뜻으로, 우연한 일치로
　　　　　　　　남의 의심을 받게 됨을 비유한 말.

傲霜孤節(오상고절) : 서릿발이 심한 속에서도 절대 굴하지 않고 외로이
　　　　　　　　지키는 절개라는 뜻으로, 국화(菊花)를 비유하는 말.

五十步百步(오십보백보) : 전쟁에서 오십보를 후퇴한 사람이 백보를 후퇴
　　　　　　　　한 사람을 비겁하다고 비웃지만 결국 후퇴했다는 본질에는 차이
　　　　　　　　가 없다는 뜻.

吳越同舟(오월동주) : 중국 춘추전국 시대의 오왕 부차(夫差)와 월왕 구천
　　　　　　　　(句踐)이 항상 원수가 되어 싸웠다는 고사에서 유래. 서로 적의를
　　　　　　　　품은 자들이 같은 처지나 한자리에 놓임을 가리키는 말. 서로 반

목하면서도 공통의 곤란·이해에 대하여 협력하는 일의 비유.

烏合之卒(오합지졸) : 까마귀 떼가 모인 것같이 질서 없이 모여 있는 군사. 곧, 임시로 모인 훈련이 안 된 형편없는 군사.

屋上架屋(옥상가옥) : 지붕 위에 또 지붕을 얹는다는 말로, 무익하게 거듭함을 비유.

溫故知新(온고지신) : 옛 것을 익히어 그것을 통해 새 것을 앎.

臥薪嘗膽(와신상담) : 중국 오나라 임금 부차가 월나라 임금 구천에게 진설욕을 하기 위하여 섶에 누워 자며 복수를 맹세했고, 또 월나라 임금 구천이 쓴 쓸개를 핥으면서 오나라 임금 부차에게 복수할 것을 다짐했다는 고사. 곧, 원수를 갚으려고 괴롭고 어려운 일을 참고 견딤을 이르는 말.

樂山樂水(요산요수) : 산을 좋아하고 물을 좋아함. 곧, 자연을 좋아함.

燎原之火(요원지화) : 들판에 붙은 불길. 곧, 빠른 속도로 퍼지는 세력을 비유.

窈窕淑女(요조숙녀) : 언행이 단정한 여자.

欲速不達(욕속부달) : 일을 급히 하려고 하면 도리어 이루지 못함.

龍頭蛇尾(용두사미) : 처음에는 잘 되어 나가다가 끝이 흐지부지되는 것.

龍味鳳湯(용미봉탕) : 맛이 매우 좋은 음식의 비유.

龍蛇飛騰(용사비등) : 용이 하늘로 오르는 것같이 활기차게 느껴지는 필력을 비유.

容喙(용훼) : 간섭하여 말참견을 함.

牛溲馬勃(우수마발) : 소의 오줌과 말의 똥. 곧, 대수롭지 않은 물건의 비유.

優柔不斷(우유부단) : 망설이기만 하고 결단을 내리지 못함.

牛耳讀經(우이독경) : 소 귀에 경 읽기. 곧, 아무리 타일러도 소용이 없다는 뜻. 牛耳誦經(우이송경).

雨後竹筍(우후죽순) : 비 온 뒤에 돋는 죽순처럼, 어떤 일이 일시에 많이 일어남을 비유한 말.

雲泥之差(운니지차) : 차이가 심함을 이르는 말.

遠交近攻(원교근공) : 먼 나라와 사귀고 가까운 나라를 침.

遠禍召福(원화소복) : 화를 멀리하고 복을 불러들임.

危機一髮(위기일발) : 몹시 위급하여 절박한 상태.

韋編三絕(위편삼절) : 책을 맨 가죽 끈이 세 번이나 끊어짐. 곧, 되풀이하여 열심히 책을 읽었다는 뜻. 공자가 역경(易經)을 애독한 고사에서 비롯한 말.

類萬不同(유만부동) : 많은 것이 서로 같지 않음

有明無實(유명무실) : 이름만 있고 실속은 없음.

流芳百世(유방백세) : 꽃다운 이름이 후세에 길이 전함.

有備無患(유비무환) : 어떤 일에 미리 대비하면 근심이 없다는 뜻.

有始無終(유시무종) : 시작은 있으나 끝이 없음.

唯我獨尊(유아독존) : 오직 나만이 훌륭하다는 뜻.

有耶無耶(유야무야) : 결과가 있는지 없는지 흐리멍덩함.

流言蜚語(유언비어) : 아무런 근거 없이 떠돌아다니는 소문.

類類相從(유유상종) : 같은 것끼리 서로 왕래하며 사귐.

肉跳風月(육도풍월) : 글자의 뜻을 잘못 써서 알아보기 어렵고 가치 없는 한시.

輪廻轉生(윤회전생) : 수레바퀴가 끊임없이 돌듯이 중생이 사집(邪執)·유견(謬見)·번뇌(煩惱)·업(業) 등으로 인하여 삼계육도(三界六道)에서 생사를 끝없이 반복해 감을 이름.

隱忍自重(은인자중) : 마음속에 참고 견디면서 신중을 기함.

陰德陽報(음덕양보) : 남모르게 쌓은 덕은 후일에 버젓하게 복을 받게 마련임.

吟風弄月(음풍농월) : 맑은 바람과 밝은 달을 시로 읊으며 즐거이 놂.

疑心生暗鬼(의심생암귀) : 의심이 생기면 있지도 않은 두려운 가해자를 상상하여 괴로워 함. 의심을 하기 시작하면 끝이 없다는 뜻.

二寺拘(이사구) : 두 절의 개. 두 절에 속한 개는 양쪽 절로 바쁘게 돌아다니
　　　　지만 어느 절에서도 밥을 얻어먹지 못한다는 뜻으로, 한 사람이
　　　　양쪽을 다 얻으려 하면 한 가지 일도 제대로 이루지 못한다는 뜻.
以死爲限(이사위한) : 죽기를 각오하고 일을 하여 나감.
耳順(이순) : 논어(論語)의 ‘六十而耳順’에서 나온 말로, 나이 예순 살 된
　　　　때를 이름.
以心傳心(이심전심) : 말이나 글을 통하지 않고 마음에서 마음으로 전해진
　　　　다는 말. 곧, 마음으로 이치를 깨닫게 한다는 뜻.
二律背反(이율배반) : 서로 모순되는 두 개의 명제(命題). 즉, 정립(定立)과
　　　　반립(反立)이 동등하게 주장되는 일.
李下不整冠(이하부정관) : 자두나무 밑에서는 갓을 바로 하지 말라는 뜻.
　　　　곧, 의심받을 일은 하지 않는 것이 좋다는 말.
耳懸鈴鼻懸鈴(이현령비현령) : ‘귀에 걸면 귀걸이, 코에 걸면 코걸이’라는
　　　　말로, 이렇게도 저렇게도 될 수 있음을 비유.
益者三友(익자삼우) : 사귀어 유익한 세 벗. 즉, 정직한 사람, 신의(信義)있
　　　　는 사람, 학식 있는 사람을 가리킴.
因果應報(인과응보) : 좋은 일에는 좋은 결과가, 나쁜 일에는 나쁜 결과가
　　　　따름.
人命在天(인명재천) : 목숨은 하늘에 달려 있으므로 사람의 뜻대로 되지
　　　　않는다는 뜻.
因循姑息(인순고식) : 구습을 고치지 않고 눈앞의 편안함만 취함.
仁者無敵(인자무적) : 어진 사람은 모든 사람이 그를 따르므로 천하에 적이
　　　　없음.
一刻千金(일각천금) : 극히 짧은 시각도 천금처럼 아깝고 귀중함.
一擧手一投足(일거수일투족) : 손 한 번 드는 것과 발 한 번 옮겨 놓는 것.
　　　　곧, 사소한 하나 하나의 동작.
一擧兩得(일거양득) : 한 가지 일을 하여 두 가지 이득을 봄. 一石二鳥(일석

이조).

一騎當千(일기당천) : 한 사람의 기병이 천 사람의 적을 당해낸다는 뜻으로, 무예가 아주 뛰어남을 비유한 말. 一人當千(일인당천).

一己之欲(일기지욕) : 오직 자기 한 사람만을 위하는 욕심.

一諾千金(일낙천금) : 한 번 승낙한 것은 천금과 같이 귀중하다는 뜻으로, 약속은 굳게 지켜야 함을 비유한 말.

一年之計莫如樹穀(일년지계막여수곡) : 일 년간의 계획을 하는 데는 곡식을 심는 것이 제일임.

一年之計在于春(일년지계재우춘) : 모든 일은 만일에 대비하기 위하여 미리 계획해야 하므로 한 해의 방침은 첫 봄에 세워야 한다는 뜻.

一蓮託生(일련탁생) : 좋든 나쁘든 행동과 운명을 같이함.

一勞永逸(일로영일) : 한때 고생하고 오랫동안 안락하게 지냄.

一望無際(일망무제) : 아득하게 끝없이 멀어 눈을 가리는 것이 없음.

一網打盡(일망타진) : 한 그물에 다 두드려 잡음. 곧, 한꺼번에 모조리 잡아들임.

一脈相通(일맥상통) : 생각·처지 등이 한 줄기로 서로 통함.

一盲引衆盲(일맹인중맹) : 한 소경이 다른 여러 소경을 인도한다는 뜻으로, 한 어리석은 자가 여러 어리석은 자를 그릇된 곳으로 이끄는 것을 말함.

一面如舊(일면여구) : 서로 한 번 만나보고도 옛 벗과 같이 친밀함.

一鳴驚人(일명경인) : 한 새가 있는데, 이 새가 한 번 울기만 하면 사람을 놀라게 한다는 뜻으로, 한 번 일을 시작하면 사람들이 놀랄 정도로 큰 사업을 함을 비유한 말.

一目瞭然(일목요연) : ①한 눈으로도 똑똑하게 알 수 있음. ②한 번 보고도 환하게 알 수 있음.

一絲不亂(일사불란) : 질서가 정연하여 조금도 흐트러진 데가 없음.

一瀉千里(일사천리) : 사물이 거침없이 진행된다는 뜻.

一視同仁(일시동인) : 모두를 차별이 없이 똑같이 사랑함.

一陽來復(일양내복) : ①음력 10월은 음(陰)이 가장 왕성한 때여서 양(陽)이
　　　　하나도 없다가 동짓달이 되어서 비로소 양(陽)이 처음 생김. ②겨
　　　　울이 가고 봄이 옴. ③궂은 일이 걷히고 좋은 일이 생김. ④사물이
　　　　좋은 운수로 향함.

一魚濁水(일어탁수) : 물고기 한 마리가 물을 흐리게 하듯 한 사람의 잘못으
　　　　로 인하여 여러 사람이 그 피해를 받게 된다는 뜻.

一言以蔽之(일언이폐지) : 한 마디의 말로 전체의 뜻을 모두 전달함.

一言之下(일언지하) : 말 한마디로 딱 잘라 말함. 두말할 필요 없음.

一言千金(일언천금) : 한 마디의 말이 천금의 가치가 있음.

一與一奪(일여일탈) : 주기도 하고 혹은 빼앗기도 함.

一葉知秋(일엽지추) : 나뭇잎 하나 떨어지는 것을 보고 가을이 오는 것을
　　　　안다는 뜻으로, 사소한 일을 통해 장차 큰 일을 미리 짐작한다
　　　　는 말.

一衣帶水(일의대수) : 옷의 띠와 같은 좁은 냇물이나 바닷물.

一日如三秋(일일여삼추) : 만나고 싶은 마음이 간절하여 하루가 삼 년같이
　　　　길게 여겨짐.

一場春夢(일장춘몽) : 한바탕의 봄꿈처럼 덧없는 영화(榮華).

一朝一夕(일조일석) : 하루 아침, 하루 저녁이란 뜻으로, 짧은 시간의 비유.

一觸卽發(일촉즉발) : 한 번 닿기만 해도 이내 폭발함. 곧, 사소한 동기로도
　　　　크게 터질 수 있는 아슬아슬한 형세.

日就月將(일취월장) : 하루가 다르게 진보함. 날로 진보하여 감.

一筆揮之(일필휘지) : 단숨에 글씨를 쓰거나 그림을 그림.

一攫千金(일확천금) : 힘 안 들이고 한꺼번에 많은 재물을 얻음.

臨渴掘井(임갈굴정) : 목이 말라서야 우물을 팜. 곧, 미리 준비하여 두지
　　　　않고 있다가 일이 급해서야 허둥지둥 서둚. 渴而穿井(갈이천정).

臨機應變(임기응변) : 그때 그때의 형편에 따라 융통성 있게 처리함.

臨戰無退(임전무퇴) : 싸움에 임하여서 물러섬이 없음.
入山忌虎(입산기호) : 산에 들어가고서 범을 잡는 일을 피함. 곧, 정작 일을
　　　　　　당하면 꽁무니를 뺀다는 말.
立錐之地(입추지지) : 매우 좁아 조금도 여유가 없음을 가리킴.

自家撞着(자가당착) : 같은 사람의 문장이나 글이 행동과 맞지 않아서 모순
　　　　　　되는 일. 矛盾撞着(모순당착).
自强不息(자강불식) : 스스로 힘써 쉬지 않음.
自繩自縛(자승자박) : 제 새끼로 제 목 매기. 곧, 자신의 언행으로 말미암아
　　　　　　자기가 속박을 받게 된다는 뜻.
自中之亂(자중지란) : 자기네 패 속에서 일어나는 싸움.
自初至終(자초지종) : 처음부터 끝까지 이르는 동안.
自畵自讚(자화자찬) : 자기가 한 일을 스스로 칭찬함
作舍道傍(작사도방) : 길가에 집을 짓는다는 뜻으로, 의견이 많아서 결정을
　　　　　　내리지 못함을 이르는 말. 주견 없이 남의 훈수에만 따르면 실패
　　　　　　함을 비유한 말.
作心三日(작심삼일) : 한 번 마음먹은 것이 오래 가지 못함.
張三李四(장삼이사) : 장씨(張氏)의 삼남(三男)과 이씨(李氏)의 사남(四男)
　　　　　　이란 뜻으로, 평범한 사람들을 가리킴. 甲男乙女(갑남을녀).
才勝德薄(재승덕박) : 재주는 있으나 덕이 모자람.
賊反荷杖(적반하장) : 도둑이 도리어 매를 든다는 뜻으로, 잘못한 사람이
　　　　　　오히려 잘한 사람을 나무라는 경우에 쓰는 말.
積小成大(적소성대) : ①작은 것도 쌓이면 큰 것이 됨. ②작은 것도 모아
　　　　　　쌓이면 많아짐.
赤手空拳(적수공권) : 아무것도 가진 것이 없음.

電光石火(전광석화) : 번개와 돌을 쳐서 나는 불. 대단히 빠름을 비유.

戰戰兢兢(전전긍긍) : 매우 두려워하고 겁내는 모양.

前程萬里(전정만리) : 앞길이 만 리나 멂. 곧 나이가 젊어서 장래가 아주
　　　유망함.

轉禍爲福(전화위복) : 화(禍)가 바뀌어 복이 핀다는 뜻. 즉, 궂은일을 당하였
　　　을 때, 그것을 잘 처리하여 좋은 일이 되게 하는 것을 일컫는 말.

絶長補短(절장보단) : 긴 것을 잘라 짧은 것에 보태어 알맞게 함. 넉넉한
　　　부분에서 부족한 것을 보충함.

切磋琢磨(절차탁마) : 옥이나 돌을 쪼고 갈아서 빛을 냄. 곧, 학문이나 인격
　　　을 수련·연마함.

漸入佳境(점입가경) : 점점 재미있는 경지로 들어감.

正鵠(정곡) : 과녁의 한가운데 점. 목표, 또는 핵심의 비유.

頂門一鍼(정문일침) : 정수리에 침을 놓는다는 뜻으로, 따끔한 충고를 비유.

正心修己(정심수기) : 마음을 바르게 하고 몸을 수련함.

井底之蛙(정저지와) : 우물 안의 개구리. 세상일에 어두운 사람을 일컫
　　　는 말.

糟糠之妻(조강지처) : 고생을 함께 하여 온 아내. 본처.

操觚界(조고계) : 문필에 종사하는 사람들의 사회. 주로 신문·잡지의 기자
　　　들의 사회.

朝令暮改(조령모개) : 아침에 내린 명령을 저녁에 바꾼다는 뜻으로, 법이나
　　　명령을 자주 고치거나 바꾸는 일의 비유.

朝飯夕粥(조반석죽) : 아침에는 밥을, 저녁에는 죽을 먹는 정도로 궁핍한
　　　생활.

朝不慮夕(조불려석) : 형세가 절박하여 아침에 저녁 일을 예측치 못함. 곧,
　　　당장의 일을 걱정할 뿐이고 앞일을 걱정할 겨를이 없다는 뜻.

朝三暮四(조삼모사) : 간사한 꾀로 남을 농락함을 이름.

鳥足之血(조족지혈) : 새 발의 피. 너무도 보잘 것 없는 적은 양의 비유.

左顧右眄(좌고우면) : 좌우를 둘러본다는 뜻이니, 무슨 일에 얼른 결정을
　　　　　짓지 못하고 주저한다는 말.
坐不安席(좌불안석) : 마음이 불안하여 한자리에 오래 앉아 있지 못함.
左之右之(좌지우지) : ①제 마음대로 자유롭게 처리함. ②남을 마음대로
　　　　　지휘함.
左衝右突(좌충우돌) : 이리저리 마구 치고 받음. 左右衝突(좌우충돌).
主客顚倒(주객전도) : 주인과 손님의 위치가 바뀐다는 뜻으로, 입장이 뒤바
　　　　　뀜을 의미.
晝耕夜讀(주경야독) : 낮에는 밭을 갈고, 밤에는 글을 읽음. 곧, 가난을 극복
　　　　　하며 열심히 공부함.
走馬加鞭(주마가편) : 달리는 말에 채찍질하기. 곧, 더욱 더 잘 되도록 부추
　　　　　기거나 몰아침.
走馬看山(주마간산) : 달리는 말 위에서 산수를 구경함. 곧, 바쁘게 대충
　　　　　보며 지나감.
柱石之臣(주석지신) : 나라에 없어서는 안 될 중요한 신하.
晝夜長川(주야장천) : 밤낮으로 쉬지 않고 연달아.
酒池肉林(주지육림) : 호사가 극에 달한 주연. 즉, 호화로운 생활을 뜻 함.
竹馬故友(죽마고우) : 죽마를 타고 놀던 벗. 곧, 어릴 때 같이 놀던 친한
　　　　　친구.
竹杖忘鞋(죽장망혜) : ①대지팡이와 짚신. ②가장 간단한 보행이나 여행의
　　　　　차림.
衆寡不敵(중과부적) : 적은 수효로는 많은 수효를 막지 못한다는 뜻.
衆口難防(중구난방) : 여러 사람의 말을 이루다 막기는 어렵다는 뜻.
重言復言(중언부언) : 한 말을 자꾸 되풀이함.
中庸之道(중용지도) : 극단에 치우치지 않는 평범한 속에서의 진실한 도리.
中原逐鹿(중원축록) : 중원(中原)은 중국, 또는 천하(天下)를 말하는 것.
　　　　　축록(逐鹿)은 서로 경쟁한다는 말. 영웅들이 다투어 천하를 얻고

자 함을 뜻함.  逐鹿(축록).

**指指鹿爲馬**(지록위마) : 중국 진(泰)나라의 조고(趙高)가 황제에게 사슴을
　　　　말이라고 속여 바친 고사에서 유래한 말로, 윗사람을 농락하여
　　　　권세를 마음대로 함을 가리킴.

**支離滅裂**(지리멸렬) : 갈가리 찢기고 흩어져 갈피를 잡을 수 없게 됨.

**至誠感天**(지성감천) : 정성이 갸륵하면 하늘도 감동함.  곧, 지극한 정성으
　　　　로 어려운 일도이루어지고 풀림.

**直木先伐**(직목선벌) : 휘어진 나무는 사람들이 베어 가지 않지만 곧은 나무
　　　　는 먼저 베어 간다는 데서 나온 말로, 마음이 강직하고 잘난 사람
　　　　이 먼저 다른 사람의 해를 입는다는 뜻.

**盡善盡美**(진선진미) : 더할 수 없이 훌륭함.

**盡人事待天命**(진인사대천명) : 사람의 할 도리를 다하고 나서 하늘의 명을
　　　　기다림.

**進退維谷**(진퇴유곡) : 앞으로 나아갈 수도, 뒤로 물려날 수도 없이 꼼짝할
　　　　수 없는 궁지에 빠짐.

**嫉逐排斥**(질축배척) : 시기하고 미워하여 몰아냄.

**此日彼日**(차일피일) : 오늘 내일 하면서 자꾸 기일을 미룸.

**創業守成**(창업수성) : 창업은 나라를 세우거나 사업을 일으킴을 말하고,
　　　　수성은 그 이룩된 것을 지켜 길이 이를 유지함.  創業守文(창업
　　　　수문).

**滄海一粟**(창해일속) : 넓은 바다에 뜬 한 알의 좁쌀이란 뜻으로,  광대한
　　　　것 속의 극히 작은 물건.  곧, 우주 안에서의 인간 존재의 하찮음을
　　　　비유.

**冊床退物**(책상퇴물) : 책상 물림.  글 공부만 하여 산 지식이 없고 세상 물정

에 어두운 사람을 이름.

**處世之術**(처세지술) : 세상을 살아가는 꾀.

**天高馬肥**(천고마비) : 하늘이 높고 말이 살찐다는 뜻으로, 가을이 썩 좋은
계절임을 일컫는 말.

**千金不死百金不刑**(천금불사백금불형) : 천금을 쓰면 사형도 모면하고, 백
금을 쓰면 도형(徒刑)도 면한다는 말.

**千金然諾**(천금연낙) : 천금과 같이 소중한 허락.

**千金子不死於盜賊**(천금자불사어도적) : 부자의 자식은 몸을 소중히 하므
로 도둑과 같은 하찮은 놈의 손에 죽지 않는다는 뜻으로서, 큰
꿈을 가진 사람은 보잘 것 없는 사람에게 죽음을 당하지 않음을
이름.

**千金子坐不垂堂**(천불자좌불수당) : 부자의 자식은 떨어질까 염려하여 마루
같은 곳의 끝에 앉지 않는다는 뜻으로서, 몸을 대단히 소중히 함
을 이름. 垂(수)는 陲(수).

**千慮一得**(천려일득) : 어리석은 사람의 생각도 많은 생각 가운데에는 간혹
좋은 생각이 있음.

**千慮一失**(천려일실) : 지혜로운 사람도 많은 생각 가운데는 실책(失策)이
있을 수 있다는 말.

**天方地軸**(천방지축) : ①매우 급해서 허둥대며 덤벙거리는 모습. ②어리석
은 사람이 갈 바를 몰라 날뛰는 모습.

**天生緣分**(천생연분) : 하늘이 배필로 맺어 준 남녀간의 인연.

**泉石膏肓**(천석고황) : 고질병이 될 정도로 산수 풍경을 좋아하는 것.

**千辛萬苦**(천신만고) : 온갖 고생. 또는, 그것을 겪음.

**天涯地角**(천애지각) : 하늘의 끝과 땅의 모퉁이라는 뜻으로, 먼 곳을 일
컫는 말.

**天壤之判**(천양지판) : 하늘과 땅의 차이. 곧, 아주 엄청난 차이를 일컫는
말. 天壤之差(천양지차).

千載一遇(천재일우) : 천 년에 한 번 만남. 좀처럼 만나기 힘든 기회.

天災地變(천재지변) : 하늘의 재앙과 땅의 변동. 하늘과 땅에서 일어나는 재난.

天眞爛漫(천진난만) : 꾸밈이나 거짓이 없이 천성이 그대로 나타남.

徹頭徹尾(철두철미) : 머리에서 꼬리까지 철저함. 즉, 처음부터 끝까지 투철함을 뜻함.

徹天之恨(철천지한) : 하늘에 사무치는 크나큰 원한. 徹天之冤(철천지원).

靑出於藍(청출어람) : 쪽에서 우러난 푸른 빛이 쪽보다 더 푸르다는 말로, 제자가 스승보다 낫다는 뜻.

草綠同色(초록동색) : 풀의 푸름은 서로 같은 빛임. 곧, 같은 처지나 같은 무리의 사람들끼리 어울린다는 뜻.

初不得三(초부득삼) : 첫 번째 실패한 것이 세 번째는 성공한다는 뜻으로, 꾸준히 하면 성공할 수 있다는 말.

初志一貫(초지일관) : 처음에 먹은 마음을 끝까지 관철함.

寸鐵殺人(촌철살인) : 조그마한 쇠붙이로도 사람을 죽일 수 있음. 곧, 간단한 말로 어떤 일의 급소를 찔러 사람을 감동시킴의 비유.

逐鹿者不見山(축록자불견산) : 사슴을 쫓는 사람은 산이 깊고 험한가를 보지 않음. 곧, ①이익을 취하려는 사람은 물불을 가리지 않음. ②한 가지 일에 열중 하면 다른 일을 돌보지 않음.

逐축록축록자불견산逐鹿者不顧兎(축록자불고토) : 사슴을 잡기 위하여 쫓는 자는 토끼를 돌아보지 않는다는 뜻으로, 큰 것을 구하는 사람은 작은 것을 돌아보지 않음을 비유.

春秋筆法(춘추필법) : 춘추와 같이 엄정한 필법. 대의 명분을 세우는 논조(論調).

春雉自鳴(춘치자명) : 봄 꿩이 스스로 운다는 말로, 시키거나 요구하지 않아도 자기 스스로 하는 것을 일컬음.

忠言逆耳(충언역이) : 충고의 말은 귀에 거슬림.

取捨選擇(취사선택) : 가질 것은 갖고, 버릴 것은 버려서 골라 잡음.

醉生夢死(취생몽사) : 술에 취한 듯, 꿈을 꾸듯 이룬 일 없이 헛되게 생애를
　　　　보냄.

醉中眞情發(취중진정발) : 술 취하면 진정이 나옴. 사람들이 술에 취하면
　　　　마음속에 있는 진심을 털어놓는다는 뜻.

層層侍下(층층시하) : 부모·조부모가 다 살아있어, 이들을 모시는 사람.

置之度外(치지도외) : 내버려 두고 아예 상대를 않음.

七顚八起(칠전팔기) : 여러 번 실패해도 실망하지 않고 다시 일어남.

七縱七擒(칠종칠금) : 제갈공명의 전술로, 일곱 번 놓아 주고 일곱 번 잡는
　　　　다는 말. 자유자재로 잡았다 놓아 주었다 함을 비유한 말.

針小棒大(침소봉대) : 바늘을 몽둥이라고 말하듯 과장해서 말하는 것.

ㅋ

快人快事(쾌인쾌사) : 쾌활한 사람의 시원한 행동

ㅌ

他山之石(타산지석) : 다른 산에서 난 나쁜 돌도 자기의 구슬을 가는 데에
　　　　소용이 된다는 뜻. 즉, 다른 사람의 하찮은 언행일지라도 자기의
　　　　지덕을 연마하는 데에 도움이 된다는 말.

卓上空論(탁상공론) : 실천성이 없는 헛된 이론.

托生(탁생) : ①세상에 태어나 삶을 유지함. ②남에게 의탁하여 생활함.

貪官汚吏(탐관오리) : 탐욕이 많고 깨끗하지 못한 관리.

貪財好色(탐재호색) : 재물을 탐하고 여색(女色)을 즐김.

泰山北斗(태산북두) : 태산과 북두칠성을 여러 사람이 우러러보는 것처럼,
　　　　남에게 존경받는 뛰어난 존재. 泰斗(태두).

泰然自若(태연자약) : 침착하여 조금도 마음의 동요가 없는 모양.

太平聖代(태평성대) : 어진 임금이 다스리는 태평한 세상.

吐哺捉髮(토포착발) : 주공(周公)이 손님이 오면, 밥먹을 때는 밥을 뱉고 목욕할 때는 머리를 움켜쥐고 나가서 맞아들였다는 고사. 곧, 현자를 우대한다는 뜻.

推敲(퇴고) : 글을 지을 때 여러 번 다듬고 고치는 일.

投鼠忌器(투서기기) : 그릇을 던져 쥐를 잡으려 해도 그릇이 깨질까 꺼린다. 곧, 밉긴 하지만 큰 일을 그르칠까 염려되어 제거하지 못함을 이르는 말.

ㅍ

破鏡(파경) : ①깨진 거울. ②이지러진 달. ③부부 사이의 이별을 뜻함.

波瀾重疊(파란중첩) : 어떤 일에 변화와 난관이 복잡하게 겹침.

破邪顯正(파사현정) : 사도(邪道)를 쳐부수고 정법(正法)을 널리 폄.

破竹之勢(파죽지세) : 세력이 강하여 거침없이 나아가는 모양.

破天荒(파천황) : ①아무도 한 일이 없는 큰 일을 제일 먼저 함. ②인재가 나지 아니한 땅에 처음으로 인재가 남.

敗家亡身(패가망신) : 가산을 다 써서 없애고 몸을 망침.

敗將無言(패장무언) : 전쟁에서 진 장수는 할 말이 없음. 곧, 한 번 크게 실수한 사람은 그 일에 대하여 왈가왈부하지 못함을 뜻하는 말.

弊袍破笠(폐포파립) : 해진 옷과 떨어진 갓. 곧, 너절하고 구차한 차림새.

抱關擊柝(포관격탁) : 문지기와 야경꾼. 하찮은 벼슬자리의 비유.

抱腹絕倒(포복절도) : 배를 잡고 몸을 가누지 못할 정도로 웃음.

風飛雹散(풍비박산) : 부서져 사방으로 흩어짐.

風樹之嘆(풍수지탄) : 효도를 다하지 못하고 어버이를 여읜 자식의 슬픔을 이르는 말.

風月(풍월) : 바람과 달. ①자연의 아름다움. ②주로 자연 경치에 관하여
　　　　한시를 읊음. 또는, 그 한시.

風前燈火(풍전등화) : 바람 앞에 등불처럼 매우 위급한 상황에 놓여 있음을
　　　　가리키는 말. 또는, 사물이 덧없음을 가리키는 말.

風餐露宿(풍찬노숙) : 바람과 이슬을 무릅쓰고 한데에서 먹고 잔다는 뜻으
　　　　로, 큰 뜻을 이루려는 사람이 겪는 고초를 말함.

風打浪打(풍타낭타) : 바람이 부는 대로 물결이 이는 대로란 뜻으로, 일정한
　　　　주의 주장이 없이, 그저 대세에 따라 행동함의 비유.

皮裏陽秋(피리양추) : 입 밖에 내지 않고 마음속으로 가부를 결정하는 일.
　　　　피리(皮裏)는 피부의 안, 곧 심중(心中)이고, 양추(陽秋)는 공자
　　　　(孔子)가 지은 춘추(春秋)임.

匹夫之勇(필부지용) : 소인이 깊은 생각 없이 혈기만 믿고 내는 용기.

匹夫匹婦(필부필부) : 평범한 남자와 여자.

必有曲折(필유곡절) : 반드시 어떤 까닭이 있음.

何待明年(하대명년) : 기다리기가 매우 지루함을 일컫는 말.

下石上臺(하석상대) : 아랫돌을 뽑아 윗돌을 괴고 윗돌을 뽑아 아랫돌 괴기.
　　　　곧, 임시변통으로 이리저리 둘러맞춤. 上下撐石(상하탱석).

下學上達(하학상달) : 낮고 쉬운 것을 배워 깊고 어려운 이치를 깨달음.

下厚上薄(하후상박) : 아랫사람에게 후하고 윗사람에게 박함.

鶴首苦待(학수고대) : 학의 목처럼 길게 늘여 기대한다는 뜻으로, 곧 몹시
　　　　고대함을 의미.

漢江投石(한강투석) : 한강에 돌 던지기. 지나치게 미미하여 전혀 효과가
　　　　없음을 비유하는 말.

邯鄲之夢(한단지몽) : 당나라 때 노생(盧生)이 한단(邯鄲)땅에서 여옹(呂

翁)이라는 도사의 베개를 빌려서 잠을 잤더니 메조 밥을 짓는 사
　　이에 팔십 년간의 영화로운 꿈을 꾸었다는 고사. 곧, 세상의 부귀
　　영화가 허황됨을 이르는 말. 黃粱夢(황량몽).
邯鄲之步(한단지보) : 중국 연나라 때의 소년이 한단에 가서, 한단 사람들의
　　걸음걸이를 배우다가 채 익히기 전에 고향에 돌아오니, 한단의
　　걸음걸이도 배우지 못하고 원래의 자신의 걸음걸이도 잊어버렸다
　　는 고사에서 비롯된 말. 곧, 본분을 잊고 억지로 남의 흉내를 내면
　　두 가지 모두 잃는다는 뜻.
汗牛充棟(한우충동) : 실으면 소가 땀을 흘리고, 쌓으면 집 안의 대들보에
　　찰 정도로 많음. 곧, 썩 많은 장서(藏書)를 가리키는 말.
閑雲野鶴(한운야학) : 하늘에 한가히 떠도는 구름과 들에 절로 나는 학.
　　곧, 아무 구속도 없는 한가로운 생활을 말함.
閑中眞味(한중진미) : 한가로운 가운데 깃드는 참다운 맛.
緘口無言(함구무언) : 입을 다물고 아무런 말도 없음.
含憤蓄怨(함분축원) : 분함을 머금고 원망을 쌓음.
含哺鼓腹(함포고복) : 배불리 먹고 배를 두들기며 즐김.
咸興差使(함흥차사) : 한 번 가기만 하면 깜깜소식이란 뜻으로, 심부름꾼이
　　가서 아무 소식이 없거나 회답이 더디 올 때에 쓰는 말.
偕老同穴(해로동혈) : 부부가 함께 늙고, 죽어서는 한 곳에 묻힌다는 뜻으
　　로, 생사를 같이하는 부부의 사랑의 맹세를 가리킴.
行路難(행로난) : 길을 걷는 어려움. 곧, 세상을 살아가는 어려움을 비유
　　한 말.
行不由徑(행불유경) : 어떤 일을 할 때, 급하다고 무리를 하지 말고 정당한
　　방법으로 하라는 말.
行有餘力(행유여력) : 일을 다 하고도 오히려 힘이 남음.
虛心坦懷(허심탄회) : 마음속의 사념을 없애고, 품은 생각을 털어놓음.
虛張聲勢(허장성세) : 실속은 없이 헛소문과 허세만 떠벌림.

虛虛實實(허허실실) : 꾀나 재주로 적의 실을 피하고, 허점을 이용해 싸움.

軒軒丈夫(헌헌장부) : 외모가 준수하고 쾌활한 남자.

懸河之辯(현하지변) : 거침없이 잘 하는 말.

孑孑單身(혈혈단신) : 의지할 곳 없는 외로운 홀몸.

螢雪之功(형설지공) : 중국 진(晉)나라의 차윤(車胤)이 반딧불로 글을 읽
고, 손강(孫康)이 눈(雪)빛으로 글을 읽었다는 고사에서 온 말.
즉, 고생하면서 공부하여 얻은 보람. 고학한 성과.

形勝之國(형승지국) : 지세가 좋아 승리할 만한 자리에 있는 나라.

形勝之地(형승지지) : 경치가 매우 아름다운 땅.

形影相弔(형영상조) : 자기의 몸과 그림자가 서로 불쌍하게 여긴다는 뜻으
로, 몹시 외로움을 이름.

狐假虎威(호가호위) : 여우가 범의 위세를 빎. 곧, 남의 권세를 빌려 으스댐
을 비유.

糊口之策(호구지책) : 먹고 사는 방책. 糊口策(호구책). 糊口之計(호구지
계).

虎尾難放(호미난방) : 위험한 일에 손을 댔다가 이러지도 저러지도 못하는
어려운 경우를 비유한 말.

毫髮不動(호발부동) : 조금도 움직이지 아니함.

虎父犬子(호부견자) : 아버지는 훌륭하나 자식은 그에 따르지 못함을 비유.

胡思亂想(호사난상) : 매우 엉클려 어수선하게 생각함. 또는, 그 생각.

好事多魔(호사다마) : 좋은 일에는 방해가 되는 일이 많음.

虎視耽耽(호시탐탐) : 탐욕스러운 눈빛으로 기회를 노리며 형세를 살핌.

浩然之氣(호연지기) : ①하늘과 땅 사이에 가득 찬 넓고 큰 기운. ②도의에
뿌리를 박고 공명 정대하여 조금도 부끄러울 바 없는 도덕적 용기.

胡蝶之夢(호접지몽) : 중국의 장자(莊子)가 꿈에 나비가 되어 즐겁게 놀았
다는 고사에서 나온 말로, 꿈의 뜻으로 쓰임.

惑世誣民(혹세무민) : 사람들을 어리석게 만들고 세상을 어지럽힘.

惑於後妻(혹어후처) : 후처에게 반해 빠져 버림.

魂飛魄散(혼비백산) : 몹시 놀라 어쩔 줄 몰라 함.

昏定晨省(혼정신성) : 아침저녁으로 부모의 안부를 묻고 지성으로 돌봐
　　　　드림.

忽往忽來(홀왕홀래) : 갑자기 가고 오는 일.

忽地風波(홀지풍파) : 갑자기 이는 풍파.

紅爐點雪(홍로점설) : 벌겋게 단 화로에 내리는 점점의 눈. 곧, 큰 일을 함에
　　　　있어서 힘이 미약하여 아무런 보람을 얻을 수 없음을 비유한 말.
　　　　紅爐上一點雪(홍로상일점설).

弘益人間(홍익인간) : 널리 인간 세계를 이롭게 함.

畵龍點睛(화룡점정) : 용을 그린 뒤 마지막으로 눈알을 그려 넣음. 곧, 무슨
　　　　일을 하는데 가장 중요한 부분을 마치어 완성함을 이름.

花無十日紅(화무십일홍) : 열흘 동안 붉은 꽃이 없음. 곧, 한 번 성한 것은
　　　　얼마 못 가서 반드시 쇠해짐. 權不十年(권불십년).

禍禍福無門(화복무문) : 행복과 불행은 운명적으로 오는 것이 아니라 스스
　　　　로 선행하고 악행을 함에 따라 받는다는 말.

花爛春盛(화란춘성) : 꽃이 만발하고 봄이 무르익어 한창임.

花容月態(화용월태) : 아름다운 여자의 고운 얼굴과 자태를 이르는 말.

畵中之餠(화중지병) : 그림의 떡. 곧, 아무리 탐이 나도 차지하거나 이용
　　　　할 수 없음의 비유.

換骨奪胎(환골탈태) : 딴 사람이 된 듯 용모가 환히 트이고 아름다워짐.

鰥寡孤獨(환과고독) : 늙고 아내가 없는 사람, 늙고 남편이 없는 사람, 어리
　　　　고 어버이 없는 사람. 곧, 외롭고 의지할 곳 없는 처지의 사람을
　　　　가리킴.

宦海風波(환해풍파) : 관리들이 겪는 갖가지 험난한 일.

荒唐無稽(황당무계) : 말이 근거가 없고 허황함. 터무니없는 이야기.

悔過自責(회과자책) : 잘못을 뉘우치고 스스로 책망함.

會心之友(회심지우) : 마음이 맞는 벗.
回心向道(회심향도) : 마음을 돌려 바른 길로 들어섬.
會者定離(회자정리) : 만나는 자는 반드시 헤어질 운명에 있음.
橫經問難(횡경문난) : 경서를 옆에 끼고 다니며 어려운 것을 물음.
橫說竪說(횡설수설) : 소리 없이 되는 대로 지껄임.
橫草之功(횡초지공) : 싸움터에 나가 산야를 누비며 용감하게 싸운 공로.
後生可畏(후생가외) : 후배가 부지런히 학문을 닦으면 선배를 능가할 수
　　　　　　　　 있으므로 후배를 두렵게 생각한다는 말.
興盡悲來(흥진비래) : 즐거운 일이 다하면 슬픈 일이 닥쳐온다는 뜻으로,
　　　　　　　　 세상 일이 돌고 돌아 순환됨을 가리키는 말.

可(옳을　가) 可否(가부)　　　頃(잠깐　경) 頃刻(경각)
司(맡을　사) 司會(사회)　　　項(항목　항) 項目(항목)


殼(껍질　각) 貝殼(패각)　　　階(섬돌　계) 階層(계층)
穀(곡식　곡) 穀食(곡식)　　　偕(함께　해) 偕老(해로)


刻(새길　각) 寸刻(촌각)　　　季(철　　계) 季節(계절)
核(핵심　핵) 核心(핵심)　　　秀(빼어날 수) 優秀(우수)


干(방패　간) 干戈(간과)　　　苦(괴로울 고) 苦痛(고통)
于(어조사 우) 于今(우금)　　　若(같을　약) 明若觀火(명약관화)


綱(벼리　강) 綱領(강령)　　　功(공　　공) 成功(성공)
網(그물　망) 魚網(어망)　　　巧(공교할 교) 巧妙(교묘)


巨(클　　거) 巨大(거대)　　　官(벼슬　관) 官吏(관리)
臣(신하　신) 臣下(신하)　　　宮(집　　궁) 宮女(궁녀)
　　　　　　　　　　　　　　宦(벼슬　환) 宦族(환족)


決(정할　결) 決定(결정)
訣(이별할 결) 訣別(결별)

郊(성밖　교) 郊外(교외)
效(효험　효) 效能(효능)

丘(언덕　구) 丘陵(구릉)
兵(군사　병) 兵卒(병졸)

九(아홉　구) 九月(구월)
丸(알　환) 丸藥(환약)

具(갖출　구) 器具(기구)
貝(조개　패) 貝物(패물)

几(안석　궤) 几席(궤석)
凡(무릇　범) 凡例(범례)

斤(근　근) 斤量(근량)
斥(물리칠 척) 排斥(배척)

勤(근무할 근) 勤務(근무)
勸(권할　권) 勸告(권고)

兢(조심할 긍) 兢兢(긍긍)
競(다툴　경) 競走(경주)

己(몸　기) 克己(극기)
已(이미　이) 已往(이왕)

巳(뱀　사) 巳時(사시)
巴(땅이름 파) 巴蜀(파촉)

基(처음　기) 基礎(기초)
甚(심할　심) 極甚(극심)

起(일어날 기) 起床(기상)
赴(다다를 부) 赴任(부임)

技(재주　기) 技術(기술)
枝(가지　지) 枝葉(지엽)

納(들일　납) 納稅(납세)
訥(말더듬을 눌) 訥辯(눌변)

怒(성낼　노) 憤怒(분노)
恕(용서할 서) 容恕(용서)

能(능할　능) 能力(능력)
態(모양　태) 態度(태도)

旦(아침　단) 元旦(원단)
且(또　차) 且置(차치)

丹(붉을　단) 丹楓(단풍)
円(둥글　원) 圓의 속자

端(바를    단) 端正(단정)
瑞(상서    서) 祥瑞(상서)

但(다만    단) 但只(단지)
坦(평탄할 탄) 坦坦(탄탄)

膽(쓸개    담) 膽力(담력)
擔(멜       담) 負擔(부담)

大(클       대) 大地(대지)
太(클       태) 太山(태산)
犬(개       견) 犬馬(견마)

代(대실할 대) 代理(대리)
伐(칠       벌) 討伐(토벌)

島(섬       도) 島嶼(도서)
鳥(새       조) 鳥類(조류)
烏(까마귀 오) 烏鵲橋(오작교)

徒(무리    도) 徒黨(도당)
徙(옮길    사) 移徙(이사)
從(좇을    종) 服從(복종)

刀(칼       도) 刀劍(도검)
刃(칼날    인) 刃創(인창)

途(길       도) 途中(도중)
送(보낼    송) 送金(송금)

憧(그리워할 동) 憧憬(동경)
撞(칠          당) 撞着(당착)

絡(이을    락) 連絡(연락)
給(줄       급) 給與(급여)

亮(밝을    량) 亮明(양명)
豪(뛰어날 호) 富豪(부호)

盧(목로    로) 木盧(목로)
慮(생각할 려) 思慮(사려)

綠(초록빛 록) 綠色(녹색)
緣(인연    연) 因緣(인연)

栗(밤나무 률) 栗木(율목)
粟(조       속) 米粟(미속)

隣(이웃    린) 隣近(인근)
憐(불쌍히여길 련) 憐憫(연민)

漫(질펀할 만) 浪漫(낭만)
慢(게으를 만) 怠慢(태만)

萬(일만　만)　萬一(만일)
邁(갈　매)　邁進(매진)
勵(힘쓸　려)　獎勵(장려)

末(끝　말)　末期(말기)
未(아닐　미)　未來(미래)

免(벗어날　면)　免除(면제)
兔(토끼　토)　兔舍(토사)

眠(잠잘　면)　睡眠(수면)
眼(눈　안)　眼鏡(안경)

勉(힘쓸　면)　勤勉(근면)
逸(잃을　일)　安逸(안일)

皿(그릇　명)　器皿(기명)
血(피　혈)　血液(혈액)

名(이름　명)　有名(유명)
各(제각기　각)　各國(각국)

明(밝을　명)　賢明(현명)
朋(벗　붕)　朋友(붕우)

母(어미　모)　母子(모자)
毋(말　무)　毋論(무론)

冒(무릅쓸　모)　冒險(모험)
胃(밥통　위)　胃腸(위장)
冑(투구　주)　甲冑(갑주)

牡(수컷　모)　牡牛(모우)
牧(칠　목)　牧場(목장)

睦(화목할　목)　和睦(화목)
陸(뭍　륙)　陸地(육지)

木(나무　목)　草木(초목)
禾(벼　화)　禾穀(화곡)

夢(꿈　몽)　夢想(몽상)
蒙(어두울　몽)　蒙昧(몽매)

苗(싹　묘)　苗木(묘목)
笛(피리　적)　鼓笛(고적)

戊(천간　무)　戊己(무기)
戍(지킬　수)　衛戍(위수)
戌(지지　술)　戊戌(무술)

問(물을　　문) 問題(문제)
間(사이　　간) 時間(시간)

味(맛　　　미) 味覺(미각)
昧(어두울 매) 愚昧(우매)

密(빽빽할 밀) 密集(밀집)
蜜(꿀　　　밀) 蜜蜂(밀봉)

薄(얇을　　박) 薄福(박복)
簿(장부　　부) 簿記(부기)

班(나눌　　반) 班長(반장)
斑(얼룩질 반) 斑點(반점)

頒(퍼트릴 반) 頒布(반포)
頌(기릴　　송) 頌歌(송가)

彷(배회할 방) 彷徨(방황)
防(막을　　방) 防空(방공)

俳(광대　　배) 俳優(배우)
徘(머뭇거릴 배) 徘徊(배회)

柏(잣　　　백) 松柏(송백)
拍(칠　　　박) 拍手(박수)

辨(불변할 변) 辨明(변명)
辯(말잘할 변) 辯論(변론)

北(북녘　　북) 南北(남북)
兆(조　　　조) 億兆(억조)

憤(분할　　분) 憤怒(분노)
噴(뿜을　　분) 噴水(분수)

貧(가난할 빈) 貧弱(빈약)
貪(탐할　　탐) 貪慾(탐욕)

彬(빛날　　빈) 彬彬(빈빈)
淋(뿌릴　　림) 淋巴(임파)

沙(물가　　사) 沙工(사공)
砂(모래　　사) 砂漠(사막)

唆(부추길 사) 敎唆(교사)
俊(준걸　　준) 俊秀(준수)

士(선비　　사) 名士(명사)
土(흙　　　토) 土地(토지)

史(사기　　사) 歷史(역사)
吏(벼슬아치 리) 官吏(관리)

社(단체　　사) 社會(사회)　　　　　紹(이을　　소) 紹介(소개)
祀(제사　　사) 祭祀(제사)　　　　　招(부를　　초) 招待(초대)

師(스승　　사) 敎師(교사)　　　　　俗(풍속　　속) 風俗(풍속)
帥(장수　　수) 將帥(장수)　　　　　裕(넉넉할 유) 餘裕(여유)

削(깍을　　삭) 削除(삭제)　　　　　水(물　　　수) 藥水(약수)
消(사라질 소) 消費(소비)　　　　　氷(얼음　　빙) 氷雪(빙설)

塞(요새　　새) 要塞(요새)　　　　　囚(가둘　　수) 罪囚(죄수)
寒(찰　　　한) 寒冷(한랭)　　　　　因(인할　　인) 原因(원인)
　　　　　　　　　　　　　　　　　困(곤할　　곤) 困難(곤란)

牲(희생　　생) 犧牲(희생)
性(성품　　성) 品性(품성)　　　　　順(순할　　순) 順從(순종)
　　　　　　　　　　　　　　　　　須(수염　　수) 須眉(수미)

暑(더울　　서) 避暑(피서)
署(맡을　　서) 部署(부서)　　　　　侍(모실　　시) 侍坐(시좌)
　　　　　　　　　　　　　　　　　待(기다릴 대) 待期(대기)

晳(밝을　　석) 明晳(명석)
哲(밝을　　철) 明哲(명철)　　　　　辛(매울　　신) 辛苦(신고)
　　　　　　　　　　　　　　　　　幸(다행　　행) 幸福(행복)

扇(부채　　선) 扇形(선형)
扉(문짝　　비) 柴扉(시비)　　　　　申(아뢸　　신) 內申(내신)
　　　　　　　　　　　　　　　　　甲(갑옷　　갑) 甲子(갑자)

世(세대　　세) 世界(세계)
泄(샐　　　설) 漏泄(누설)

失(잃을　　　실) 失敗(실패)
矢(화살　　　시) 弓矢(궁시)

億(억　　　　억) 億萬(억만)
憶(생각할　　억) 記憶(기억)

冶(쇠불릴　　야) 冶金(야금)
治(다스릴　　치) 政治(정치)

揚(날릴　　　양) 讚揚(찬양)
楊(버들　　　양) 垂楊(수양)

兩(두　　　　량) 兩立(양립)
雨(비　　　　우) 雨天(우천)

壤(땅　　　　양) 土壤(토양)
壞(무너질　　괴) 破壞(파괴)

洋(큰바다　　양) 大洋(대양)
祥(조짐　　　상) 吉祥(길상)

與(더불　　　여) 關與(관여)
興(일　　　　흥) 興亡(흥망)

旅(나그네　　려) 旅行(여행)
旋(돌　　　　선) 旋風(선풍)
施(베풀　　　시) 施賞(시상)

延(끌　　　　연) 延期(연기)
廷(조정　　　정) 朝廷(조정)

亦(또　　　　역) 亦是(역시)
赤(붉을　　　적) 赤色(적색)

捐(버릴　　　연) 義捐(의연)
損(덜　　　　손) 損害(손해)

戀(사모할　　련) 戀愛(연애)
變(변할　　　변) 變化(변화)

予(미리　　　예) 豫의 약자
矛(창　　　　모) 矛盾(모순)

午(낮　　　　오) 正午(정오)
牛(소　　　　우) 牛乳(우유)

曰(가로되　　왈) 子曰(자왈)
日(날　　　　일) 日時(일시)

王(임금　　　왕) 王家(왕가)
玉(구슬　　　옥) 珠玉(주옥)

欲(바랄　　　욕) 欲望(욕망)
慾(탐낼　　　욕) 慾心(욕심)

又(또　　　우) 又況(우황)
叉(깍지낄　차) 交叉(교차)

尤(더욱　　우) 尤甚(우심)
尨(클　　　방) 尨大(방대)

友(벗　　　우) 友情(우정)
反(돌이킬　반) 反復(반복)

雲(구름　　운) 雲霧(운무)
雪(눈　　　설) 雪景(설경)

衛(모실　　위) 護衛(호위)
衙(마을　　아) 官衙(관아)

唯(오직　　유) 唯一(유일)
惟(생각할　유) 思惟(사유)
維(지탱할　유) 維持(유지)

幼(어릴　　유) 幼年(유년)
幻(미혹할　환) 幻想(환상)

遺(남길　　유) 遺物(유물)
遣(보낼　　견) 派遣(파견)

油(기름　　유) 油田(유전)
抽(뽑을　　추) 抽象(추상)
袖(소매　　수) 領袖(영수)

恩(은혜　　은) 恩惠(은혜)
思(생각　　사) 思想(사상)

凝(엉길　　응) 凝固(응고)
擬(비길　　의) 模擬(모의)

宜(마땅할　의) 便宜(편의)
宣(펼　　　선) 宣布(선포)

姿(모양　　자) 姿勢(자세)
恣(방자할　자) 放恣(방자)

昨(지을　　작) 昨年(작년)
詐(속일　　사) 詐欺(사기)

匠(장인　　장) 匠人(장인)
匹(짝　　　필) 匹馬(필마)
匡(바를　　광) 匡正(광정)

裁(마를　　재) 裁斷(재단)
栽(심을　　재) 栽培(재배)

載(실을　　재) 記載(기재)
戴(받들　　대) 推戴(추대)

低(낮을　　저) 高低(고저)
抵(다뜨릴　저) 抵抗(저항)

折(꺾을　　절) 骨折(골절)
析(쪼갤　　석) 分析(분석)

齊(같을　　제) 齊唱(제창)
齋(재계　　재) 齋戒(재계)

提(끌　　　제) 提供(제공)
堤(막을　　제) 堤防(제방)

爪(손톱　　조) 爪牙(조아)
瓜(오이　　과) 瓜田(과전)

早(일찍　　조) 早朝(조조)
旱(가물　　한) 旱災(한재)

宗(마루　　종) 宗敎(종교)
崇(높일　　숭) 崇尙(숭상)

住(머무를　주) 住居(주거)
往(갈　　　왕) 往來(왕래)
柱(기둥　　주) 柱礎(주초)
桂(계수나무 계) 月桂(월계)

奏(아뢸　　주) 奏樂(주악)
秦(진나라　진) 秦鏡(진경)

主(주인　　주) 主人(주인)
壬(천간　　임) 壬方(임방)

晝(낮　　　주) 晝夜(주야)
畫(그림　　화) 畫幅(화폭)

株(그루　　주) 株式(주식)
殊(다를　　수) 特殊(특수)

衆(무리　　중) 群衆(군중)
象(코끼리　상) 象牙(상아)

汁(국물　　즙) 墨汁(묵즙)
什(열사람　십) 什長(십장)

增(늘　　　증) 增加(증가)
僧(중　　　승) 僧侶(승려)
贈(줄　　　증) 贈呈(증정)

徵(부를　　징) 徵集(징집)
徽(아름다울 휘) 徽章(휘장)
微(작을　　미) 微笑(미소)

借(빌　　차) 借用(차용)
惜(아낄　　석) 惜別(석별)

差(틀릴　　차) 差異(차이)
羞(음식　　수) 珍羞(진수)

捉(잡을　　착) 捕捉(포착)
促(재촉할 촉) 督促(독촉)

慚(부끄러워할 참) 慚愧(참괴)
漸(차차　　점) 漸次(점차)

悽(슬퍼할 처) 悽慘(처참)
棲(깃들일 서) 棲息(서식)

賤(천할　　천) 賤民(천민)
踐(밟을　　천) 實踐(실천)

天(하늘　　천) 天地(천지)
夭(일찍죽을 요) 夭折(요절)

村(마을　　촌) 村落(촌락)
材(재목　　재) 材木(재목)

逐(쫓을　　축) 逐條(축조)
遂(이를　　수) 遂行(수행)

衷(마음　　충) 衷情(충정)
喪(상사　　상) 喪服(상복)

衝(찌를　　충) 衝突(충돌)
衡(저울　　형) 均衡(균형)

側(곁　　측) 側近(측근)
測(잴　　측) 測量(측량)

七(일곱　　칠) 七日(칠일)
匕(비수　　비) 匕首(비수)

侵(침노할 침) 侵略(침략)
浸(적실　　침) 浸水(침수)

奪(빼앗을 탈) 奪取(탈취)
奮(떨칠　　분) 奮發(분발)

兌(바꿀　　태) 兌換(태환)
悅(기쁠　　열) 喜悅(희열)
脫(벗을　　탈) 脫出(탈출)

特(유다를　특)　特別(특별)
持(가질　　지)　持論(지론)

波(물결　　파)　波動(파동)
破(깨질　　파)　破損(파손)

偏(치우칠　편)　偏在(편재)
徧(두루　　편)　遍歷(편력)
編(읽을　　편)　編輯(편집)

閉(닫을　　폐)　閉門(폐문)
閑(한가할　한)　閑散(한산)

捕(잡을　　포)　捕獲(포획)
鋪(펼　　　포)　鋪裝(포장)

乏(다할　　핍)　缺乏(결핍)
之(갈　　　지)　之無(지무)

虐(사나울　학)　虐待(학대)
虛(빌　　　허)　虛空(허공)

限(지경　　한)　期限(기한)
恨(한할　　한)　怨恨(원한)

杏(살구　　행)　銀杏(은행)
杳(어두울　묘)　杳然(묘연)
査(사실할　사)　調査(조사)
香(향기　　향)　香氣(향기)

鄕(마을　　향)　鄕里(향리)
卿(벼슬　　경)　卿相(경상)

險(험할　　험)　險難(험난)
儉(검소할　검)　儉素(검소)

亨(형통할　형)　亨通(형통)
享(누릴　　향)　享樂(향락)
亭(정자　　정)　亭閣(정각)

刑(형벌　　형)　刑罰(형벌)
形(모양　　형)　形象(형상)

互(서로　　호)　相互(상호)
瓦(기와　　와)　瓦家(와가)

渾(모두　　혼)　渾身(혼신)
運(움직일　운)　運轉(운전)

穫(벨　　　확)　收穫(수확)
獲(얻을　　획)　捕獲(포획)

活(살　　　활) 快活(쾌활)　　　休(쉴　　　휴) 休日(휴일)
浩(넓을　　호) 浩然(호연)　　　体(용렬할 분) 體의 약자

候(철　　　후) 氣候(기후)　　　洽(젖을　　흡) 洽足(흡족)
侯(제후　　후) 諸侯(제후)　　　給(넉넉할 급) 給食(급식)

降(강) 내리다　　下降(하강)
　(항) 항복하다　降伏(항복)

更(갱) 다시　　　更生(갱생)
　(경) 고치다　　變更(변경)

車(거) 수레　　　車馬(거마)
　(차) 수레　　　車庫(차고)

乾(건) 하늘　　　乾坤(건곤)
　(간) 마르다　　乾物(간물)

見(견) 보다　　　見聞(견문)
　(현) 드러나다　謁見(알현)

龜(구) 땅 이름　　龜玆(구자)
　(귀) 거북　　　龜船(귀선)
　(균) 터지다　　龜裂(균열)

茶(다) 차　　　　茶果(다과)
　(차) 차　　　　紅茶(홍차)

度(도) 법도　　　制度(제도)
　(탁) 헤아리다　度地(탁지)

讀(독) 읽다　　　讀書(독서)
　(두) 구절　　　句讀(구두)

洞(동) 마을　　　洞里(동리)
　(통) 통하다　　洞察(통찰)

樂(락) 즐기다　　娛樂(오락)
　(악) 풍류　　　音樂(음악)
　(요) 좋아하다　樂山(요산)

率(률) 율　　　　換率(환율)
　(솔) 거느리다　引率(인솔)

復(복) 돌아가다　復古(복고)
　(부) 다시　　　復活(부활)

否(부) 아니다　　否認(부인)
　(비) 막히다　　否塞(비색)

| | | | | | |
|---|---|---|---|---|---|
| 北 | (북) 북녘 | 南北(남북) | 數 | (수) 셈 | 數學(수학) |
| | (배) 달아나다 | 敗北(패배) | | (삭) 자주 | 頻數(빈삭) |
| 分 | (분) 나누다 | 分配(분배) | 帥 | (수) 장수 | 將帥(장수) |
| | (푼) 단위 | 分錢(분전) | | (솔) 거느리다 | 統帥(통솔) |
| 不 | (불) 아니다 | 不利(불리) | 拾 | (습) 줍다 | 拾得(습득) |
| | (부) 아니다 | 不德(부덕) | | (십) 열 | 拾萬(십만) |
| 殺 | (살) 죽이다 | 殺生(살생) | 食 | (식) 먹다 | 食堂(식당) |
| | (쇄) 감하다 | 相殺(상쇄) | | (사) 밥 | 簞食(단사) |
| 狀 | (상) 형상 | 狀態(상태) | 識 | (식) 알다 | 知識(지식) |
| | (장) 문서 | 賞狀(상장) | | (지) 기록하다 | 標識(표지) |
| 塞 | (새) 변방 | 要塞(요새) | 惡 | (악) 악하다 | 善惡(선악) |
| | (색) 막다 | 險塞(험색) | | (오) 미워하다 | 憎惡(증오) |
| 索 | (색) 찾다 | 索出(색출) | 易 | (역) 바꾸다 | 貿易(무역) |
| | (삭) 쓸쓸하다 | 索漠(삭막) | | (이) 쉽다 | 便易(편이) |
| 說 | (설) 말씀 | 說明(설명) | 抵 | (저) 막다 | 抵抗(저항) |
| | (세) 달래다 | 遊說(유세) | | (지) 치다 | 抵掌(지장) |
| | (열) 기뻐하다 | 說乎(열호) | | | |
| | | | 著 | (저) 짓다 | 著述(저술) |
| 省 | (성) 살피다 | 反省(반성) | | (착) 붙다 | 附着(부착) |
| | (생) 덜다 | 省略(생략) | | | |

切(절) 끊다　　　切斷(절단)　　　編(편) 엮다　　　編輯(편집)
　(체) 모두　　　一切(일체)　　　　(변) 땋다　　　編髮(변발)

提(제) 끌다　　　提携(제휴)　　　便(편) 편하다　　便利(편리)
　(리) 보리수　　菩提(보리)　　　　(변) 오줌　　　便所(변소)

辰(진) 지지　　　辰日(진일)　　　暴(폭) 사납다　暴風(폭풍)
　(신) 일월성　　生辰(생신)　　　　(포) 사납다　暴惡(포악)

參(참) 참여하다　參加(참가)　　　皮(피) 가죽　　皮革(피혁)
　(삼) 셋　　　　參萬(삼만)　　　　(비) 가죽　　　鹿皮(녹비)

則(칙) 법　　　　規則(규칙)　　　行(행) 다니다　行路(행로)
　(즉) 곧　　　　則効(즉효)　　　　(항) 항렬　　　行列(항렬)

沈(침) 가라앉다　沈沒(침몰)　　　畫(화) 그림　　畫家(화가)
　(심) 성　　　　沈氏(심씨)　　　　(획) 긋다　　　區畫(구획)

拓(탁) 박다　　　拓本(탁본)
　(척) 넓히다　　開拓(개척)

▶( ) 안은 틀린 음

## ㄱ

可矜 가긍(가금)
恪別 각별(격별)
看做 간주(간고)
姦慝 간특(간약)
間歇 간헐(간흘)
減殺 감쇄(감살)
甘蔗 감자(감서)
槪括 개괄(개활)
改悛 개전(개준)
坑道 갱도(항도)
醵出 갹출(거출)
更迭 경질(갱질)
膏肓 고황(고맹)
汨沒 골몰(일몰)
誇示 과시(교시)
刮目 괄목(활목)
乖離 괴리(승리)

攪亂 교란(각란)
敎唆 교사(교준)
句讀 구두(구독)
拘碍 구애(구득)
救恤 구휼(구혈)
軌道 궤도(구도)
詭辯 궤변(위변)
龜鑑 귀감(구감)
糾明 규명(사명)
矜持 긍지(긍대)
喫煙 끽연(결연)

## ㄴ

懦弱 나약(난약)
拿捕 나포(합포)
烙印 낙인(각인)
難澁 난삽(난보)
捺印 날인(나인)

拉致 납치(입치)
狼藉 낭자(낭적)
鹿皮 녹비(녹피)
鹿茸 녹용(녹이)
賂物 뇌물(각물)
漏泄 누설(누세)
凜然 늠연(품연)
凌駕 능가(준가)

## ㄷ

茶菓 다과(차과)
團欒 단란(단련)
撞着 당착(동착)
對峙 대치(대시)
陶冶 도야(도치)
篤志 독지(마지)
憧憬 동경(동영)
冬眠 동면(동민)

杜撰 두찬(사찬)

ㅁ

滿腔 만강(만공)
罵倒 매도(마도)
邁進 매진(만진)
萌芽 맹아(명아)
明澄 명징(명증)
木瓜 모과(목과)
冒瀆 모독(목독)
牡丹 모란(모단)
矛盾 모순(여순)
木鐸 목탁(목택)
杳然 묘연(향연)
拇印 무인(모인)
未洽 미흡(미합)

ㅂ

剝奪 박탈(약탈)
反駁 반박(반효)
頒布 반포(분포)
潑剌 발랄(발자)
拔萃 발췌(발취)

拔擢 발탁(발요)
幫助 방조(봉조)
拜謁 배알(배갈)
兵站 병참(병첨)
報酬 보수(보주)
布施 보시(포시)
補塡 보전(보진)
敷衍 부연(부행)
分泌 분비(분필)
不朽 불후(불휴)
沸騰 비등(불등)
譬喩 비유(벽유)
憑藉 빙자(빙적)

些少 사소(차소)
使嗾 사주(사족)
奢侈 사치(사다)
撒布 살포(산포)
三昧 삼매(삼미)
祥瑞 상서(상단)
常套 상투(상장)
逝去 서거(절거)
棲息 서식(처식)

羨望 선망(차망)
先塋 선영(선형)
閃光 섬광(염광)
洗滌 세척(세조)
遡及 소급(삭급)
甦生 소생(갱생)
騷擾 소요(소우)
贖罪 속죄(독죄)
殺到 쇄도(살도)
睡眠 수면(수민)
羞恥 수치(차심)
數爻 수효(수차)
猜忌 시기(청기)
示唆 시사(시준)
諡號 시호(익호)
辛辣 신랄(신극)
迅速 신속(빈속)

阿諂 아첨(하첨)
齷齪 악착(악족)
安堵 안도(안자)
軋轢 알력(알록)
斡旋 알선(간선)

謁見 알현(알견)
隘路 애로(익로)
惹起 야기(약기)
掠奪 약탈(경탈)
濾過 여과(노과)
厭世 염세(압세)
誤謬 오류(오묘)
傲慢 오만(방만)
嗚咽 오열(명인)
訛傳 와전(화전)
穩健 온건(은건)
渦中 와중(과중)
頑固 완고(원고)
玩賞 완상(원상)
歪曲 왜곡(부곡)
樂山 요산(약산)
窯業 요업(질업)
容喙 용훼(용탁)
韻律 운율(음률)
遊說 유세(유설)
流暢 유창(유탕)
吟味 음미(금미)
移徙 이사(이도)
匿名 익명(약명)
溺死 익사(약사)

湮滅 인멸(연멸)
一括 일괄(일활)
剩餘 잉여(승여)

## ㅈ

自矜 자긍(자금)
箴言 잠언(함언)
咀呪 저주(조주)
沮止 저지(조지)
傳播 전파(전번)
銓衡 전형(금형)
截斷 절단(재단)
正鵠 정곡(정고)
造詣 조예(조지)
措置 조치(차치)
拙劣 졸렬(출렬)
躊躇 주저(수저)
酒肴 주효(주육)
櫛比 즐비(절비)
憎惡 증오(증악)
支撑 지탱(지탕)
眞摯 진지(진집)
桎梏 질곡(질호)
叱責 질책(힐책)

## ㅊ

斬新 참신(점신)
懺悔 참회(섬회)
暢達 창달(장달)
蒼氓 창맹(창민)
漲溢 창일(장익)
闡明 천명(선명)
喘息 천식(서식)
尖端 첨단(열단)
諦念 체념(제념)
涕泣 체읍(제읍)
招聘 초빙(소빙)
寵愛 총애(용애)
撮影 촬영(최영)
追悼 추도(추탁)
抽象 추상(유상)
秋毫 추호(추모)
衷心 충심(애심)
脆弱 취약(위약)
熾烈 치열(직열)
鍼術 침술(함술)

浸透 침투(침수)
蟄居 칩거(집거)

# ㅌ

拓本 탁본(척본)
度支 탁지(도지)
綻露 탄로(정로)
彈劾 탄핵(탄해)
耽溺 탐닉(탐익)
攄得 터득(여득)
慟哭 통곡(동곡)
堆積 퇴적(추적)
破綻 파탄(파정)

# ㅍ

稗官 패관(비관)
覇權 패권(파권)

膨脹 팽창(팽장)
平坦 평탄(평단)
褒賞 포상(보상)
捕捉 포착(포촉)
輻輳 폭주(복주)
風靡 풍미(풍비)
跛立 피립(파립)

# ㅎ

割引 할인(활인)
陜川 합천(협천)
肛門 항문(홍문)
降將 항장(강장)
偕老 해로(개로)
楷書 해서(개서)
解弛 해이(해야)
諧謔 해학(개학)
享樂 향락(형락)

響宴 향연(향안)
絢爛 현란(순란)
嫌惡 혐오(겸악)
荊棘 형극(형자)
忽然 홀연(총연)
花瓣 화판(화변)
廓然 확연(곽연)
恍惚 황홀(광홀)
賄賂 회뢰(유락)
畫數 획수(화수)
嚆矢 효시(고시)
嗅覺 후각(취각)
毁損 훼손(훼원)
麾下 휘하(마하)
恤兵 휼병(혈병)
欣快 흔쾌(근쾌)
恰似 흡사(합사)
詰難 힐난(길난)

저자 권용주

1958년 부산 출생.
세종대학교 인문대 국문과 졸업.
동 대학원 국문과 박사과정 수료, 문학박사.
강원대, 경기대, 동국대, 인천대 등 강사 역임.
현 세종대학교 글로벌지식교육원 주임교수.

# 지혜의 샘 한자와 한문

2012년 2월 28일 초판 1쇄 펴냄

**지은이** 권용주
**펴낸이** 김흥국
**펴낸곳** 도서출판 보고사

**책임편집** 황효은
**표지디자인** 윤인희

**등록** 1990년 12월 13일 제6-0429호
**주소** 서울특별시 성북구 보문동7가 11번지 2층
**전화** 02) 922-5120~1(편집), 02) 922-2246(영업)
**팩스** 02) 922-6990
**메일** kanapub3@chol.com
http://www.bogosabooks.co.kr

ISBN 978-89-8433-980-4  03700
정가  12,000원